無藤 隆・森 敏昭 監修

教育心理学

三宮真智子
編著

心理学のポイント・シリーズ

学文社

執筆者

伊藤 美奈子	慶應義塾大学
小野瀬 雅人	鳴門教育大学
鹿毛 雅治	慶應義塾大学
川上 綾子	鳴門教育大学
＊三宮 真智子	大阪大学
仲 真紀子	北海道大学
西岡 加名恵	京都大学
藤田 哲也	法政大学
吉田 寿夫	関西学院大学

(＊印は編者,50音順)

まえがき

　本シリーズは，心理学の基本となる知識をわかりやすく伝えるものです。各研究分野における日本の主導的な研究者が編集を行い，次のような領域ごとに整理されています。心理学概論・心理学史・認知心理学・学習心理学・発達心理学・幼児心理学・児童心理学・教育心理学・臨床心理学・社会心理学。
　どの巻もわかりやすくコンパクトに基礎知識が解説されています。特別な予備的勉強が必要でなく，それだけで理解できるようになっています。記載の順番はそれぞれの巻の特性に応じて自然になるようにしてあるので，順次，それに沿って読むようになっていますが，別々に適当な箇所を開いて読んでも理解可能なようになっています。
　心理学の世界は，今や広範に広がり，それを一望することは困難です。まして，その基礎知識を簡便に手に入れることは難しいのですが，本シリーズはそれをめざして，編集しています。大学生が初めて心理学を勉強するのに役立つのはもちろんですが，専門課程にいる学生にも参考になる点が多々あるでしょう。大学院の受験の際の知識の整理にも有用です。また，公務員試験そのほかの勉強にも参考書として使えます。
　わかりやすく解説することに努めましたが，その内容は心理学の研究成果に基づいた確かなものです。事典やハンドブックとしても使えるように意図しています。
　現在，大学の学部の教育の成果を「学士力」として明確にすることが求められるようになりました。本当に大学で学んだかどうかが問われる時代になったのです。そのために，しっかりと授業に参加して学ぶことが必要なのですが，同時に，きちんとしたテキストで知識を整理することが大事になります。
　また，心理学を専攻してはいないけれど，それをちゃんと学びたいという人たちも増えてきました。そういった人たちのために，「心理学検定」が心理学

の諸学会の集まりの組織のもとで開始されてもいます。その試験に備えるために学習したいという人のための参考書にもなるようにしてあります。

　どうかこのシリーズを入り口として，心理学の豊かな世界の魅力を体験してください。

2010年3月

　　　　　　　　　　　　　　　　　　　　　　　　　　無藤　　隆
　　　　　　　　　　　　　　　　　　　　　　　　　　森　　敏昭

目　次

まえがき

第1章　発達の諸相　　6

問題 1　遺伝と環境は発達にどう影響するのか　6
問題 2　ピアジェの発達理論とはどのようなものか　8
問題 3　エリクソンの発達理論とはどのようなものか　10
問題 4　心の理論はどのように発達するのか　12
問題 5　正統的周辺参加および発達の最近接領域とはどのような考え方か　14
問題 6　認知発達における領域一般性と領域固有性とはどのようなものか　16
問題 7　自己意識はどのように発達するのか　18
問題 8　コミュニケーションの発達的変化はどのように起こるのか　20

第2章　記憶過程と学習　　22

問題 9　記憶の基本的なしくみはどうなっているのか　22
問題 10　作動記憶の役割と限界を知る意義は何か　24
問題 11　知識としての意味記憶ネットワークとは　26
問題 12　知識の獲得に記憶方略を用いるには　28
問題 13　記憶方略を使いこなせるよう指導するための観点とは　30
問題 14　記憶の種類に応じた教授方法とはどのようなものか　32
問題 15　学習に罰と報酬はどう機能しているか　34
問題 16　教師は生徒からどのように観察学習されているのか　36

第3章　思考過程と知能　　38

問題 17　問題解決のためにはどのような過程が必要か　38
問題 18　仮説形成と仮説評価にはどのような思考が含まれるか　40
問題 19　私たちが陥りやすい思考の誤りにはどのようなものがあるか　42
問題 20　創造的思考と批判的思考はどのように違うのか　44
問題 21　類推と転移はどのように関係するのか　46
問題 22　メタ認知は自己調整学習とどのように関係するのか　48

問題23　知能は学力と関係があるのか　50
問題24　スタンバーグやガードナーの知能理論は教育にどのような示唆を与えるか　52

第4章　学習にかかわる感情と動機づけ　54

問題25　動機づけとは何か　54
問題26　欲求と動機づけはどのように関係するのか　56
問題27　学習意欲と感情にはどのような関係があるのか　58
問題28　目標と動機づけはどのように関係するのか　60
問題29　なぜ自信がやる気を高めるのか　62
問題30　成功と失敗は動機づけと感情にどのような影響を与えるか　64
問題31　どのような教育環境が学習意欲を育むのか　66

第5章　授業と学級集団　68

問題32　個に応じた指導の考え方と方法にはどのようなものがあるか　68
問題33　教師が子どもにかける期待は子どもにどのような影響を与えるか　70
問題34　授業における「ほめる」と「叱る」はどのようにすれば活かせるか　72
問題35　授業内容や教材をどのように開発し活用するか　74
問題36　学級集団を生かす工夫とは何か　76
問題37　教師が協力して教える意義と方法は何か　78
問題38　人と協力して学習することの意義と方法は何か　80
問題39　子どもと教師，子どもどうしの「よい関係」を築くにはどうしたらよいか　82

第6章　学習環境とメディア　84

問題40　教授学習過程において学習環境はどのような役割を果たすか　84
問題41　学級が学習コミュニティとして機能するための教室風土はどのようなものか　86
問題42　授業設計の基本的な手順と技法にはどのようなものがあるか　88
問題43　教育場面におけるICT活用の形態にはどのようなものがあるか　90
問題44　児童生徒にインターネットを利用させる際に留意すべきことは何か　92
問題45　「状況に埋め込まれた学習」の考え方はそれ以前の学習観とどのように異なるのか　94
問題46　ジャスパープロジェクトとはどのようなものか　96
問題47　学校教育において「分散化された学習環境」を取り入れる意義は何か　98

目　次

第7章　個人差と不適応への対応　　100

- 問題 48　学校現場で求められる心理臨床的視点とはどういうものか　*100*
- 問題 49　思春期の子どもたちはどんな悩みをかかえているのか　*102*
- 問題 50　子どもの「問題」はどのように表現されるのか　*104*
- 問題 51　不登校に対し学校はどうかかわればよいのか　*106*
- 問題 52　発達障害の子どもたちをどのように理解し，支援していくか　*108*
- 問題 53　スクールカウンセラーの仕事にはどのようなものがあるか　*110*
- 問題 54　養護教諭とスクールカウンセラーの役割について述べよ　*112*
- 問題 55　学校内の教育相談体制のあり方にはどのようなものがあるか　*114*

第8章　教育心理学の研究方法　　116

- 問題 56　望ましい研究とはどのようなものか　*116*
- 問題 57　量的研究と質的研究はどのように異なるのか　*118*
- 問題 58　実験的研究と相関的研究はどのように異なるのか　*120*
- 問題 59　統計的検定はなぜ必要なのか。また，どのような論理で成り立っているのか　*122*
- 問題 60　教育的働きかけの効果を適切に検証するためにはどうすればよいか　*124*
- 問題 61　測定の妥当性とはどのようなものか。そして，どのように検証されるのか　*126*
- 問題 62　結果の一般化可能性について検討する際は何に留意しておく必要があるのか　*130*
- 問題 63　研究法について学ぶ際にはどのようなことを意識しておく必要があるのか　*132*

第9章　教育評価　　134

- 問題 64　教育評価とは何か　*134*
- 問題 65　教育評価にはどのような立場があるのか　*136*
- 問題 66　ゴール・フリー評価とは何か　*138*
- 問題 67　学力の種類に応じてどのような評価方法を用いるのか　*140*
- 問題 68　パフォーマンス課題とルーブリックとは何か　*142*
- 問題 69　「指導と評価の一体化」をどう図るか　*144*
- 問題 70　ポートフォリオ評価法とはどのようなものか　*146*
- 問題 71　学力調査にはどのようなものがあるか　*148*

引用文献　*150*
索　引　*155*

第1章　発達の諸相

　遺伝と環境は発達にどう影響するのか

　「遺伝」と「環境」は身体，心，行動の発達的変化をもたらす要因として古くから議論されてきた。どちらか一方の働きを強調する立場と両者が協働的に影響を及ぼすとする立場があるが，現実的には遺伝的要因と環境的要因の影響を区分することは困難である。以下，遺伝的要因，環境的要因をそれぞれ重視する考え方を紹介し，次に両者の協働的な働きについて述べる。

　遺伝または環境を重視する考え　遺伝的要因を重視する研究者は，人の発達の順序性，普遍性を強調する。たとえばアメリカの小児科医である**ゲゼル**(Gesell, A. L)は**成熟**という考え方を提唱し，発達における生物学的な基盤の重要性を説いた。成熟とは特定の活動ができる，準備が整った状態のことをさす。ゲゼルは双生児法と呼ばれる方法を用いて，行動の獲得における成熟の重要性を説いた。この方法は一卵性双生児（一卵性双生児は，同一の遺伝子をもっている）の一方（A）に特定の課題（たとえば階段上り）の練習をさせ，もう一方（B）には何も行わず，習得の様子を観察するというものである。当然のことながら練習直後はAはBよりもうまく課題を達成できる。しかし一定の時間がたつと，Bも特段の練習なしに課題を遂行することができるようになり，やがてはAもBも成績は変わらなくなる。このことから，ゲゼルは，行動の獲得には練習よりも生物学的な発達的基盤が重要であると主張した。

　これに対し環境的な働きかけを重視する研究者は，新生児の状態を「タブラ・ラサ」（真っ白な紙）であるとし，そこにさまざまな情報が書き込まれていくと主張する。行動主義（人の行動を刺激と反応の連合によって説明する立場に立つ人）を提唱したアメリカの心理学者**ワトソン**(Watson, J. B.)は，適切な環境が与えられたならば，任意の赤ん坊をどのような職業の人物にでもしてみせると豪語した。特定の行動を少しずつ習得させていくプログラム学習は，そのよ

うな環境説の考えを反映している。

遺伝と環境の協働　しかし，現実には遺伝的要因による影響と環境的要因による影響を明確に区分することはむずかしい。カナダの心理学者であるヘッブ (Hebb, D. O.) は，行動の発達に及ぼす環境的な要因を「受精卵の段階」「出生前の段階」「出生後の段階」の各レベルに分けて論じている。受精卵の段階での環境的要因（たとえば放射線によって遺伝子が傷つけられるなど）は，遺伝的要因と分かつことはむずかしいだろう。

また，特定の遺伝子型がどのような形質（性質，特性）として現れるか（表現型）には，環境の影響がかかわっている。ジェンセン (Jensen, 1969) は身長，知能，学力について，同じ環境で育った一卵性双生児，二卵性双生児，きょうだい，異なる環境で育った一卵性双生児，きょうだいなどを比較した。その結果，身長，知能については遺伝的要因の影響が大きく，一卵性の二人の類似度は，同じ環境で育った場合も異なる環境で育った場合も高かった。これに対し学力では環境要因の影響が大きく，異なる環境で育った一卵性の二人の類似度は，同じ環境で育った二卵性の二人の類似度よりも低かった。「知能」がどの程度遺伝により規定されるかについては議論のあるところだが，特性や行動によって遺伝と環境の寄与の度合いが異なることは確かである。

このほか，遺伝的要因が強く反映される特性（たとえば，幼児における神経質な気質）が環境に影響を及ぼし（母親をより過敏にさせる），それが幼児の気質に影響を及ぼす（幼児をより神経質にさせる），といった遺伝要因と環境要因の相互作用や，特定の能力（絶対音感等）は特定の時期においてもっとも効果的に習得されるとする**臨界期**の存在も，遺伝的要因と環境的要因の協働ととらえることができる。　　　　　　　　　　　　　　　　　　　　　　　　　[仲]

参考文献	安藤寿康　2000『心はどのように遺伝するか』講談社
	山元大輔　2006『心と遺伝子』中公新書

問題2　ピアジェの発達理論とはどのようなものか

ピアジェの発達理論　ピアジェ（Piaget, J.）はスイス出身の発達心理学者である。子どもの思考の様式は，発達にともない以下のように段階的に変化するとした。
(1) 感覚—運動期：これは乳幼児期（0〜2歳）に対応する。赤ん坊は対象を触ったり，叩いたり，口にもっていくなどの動作や感覚によって周囲を探索し，知識を得る。
(2) 前操作期：就学前の幼児期がこの段階にあたる。ここでいう「操作」は論理的思考と言い換えることもできる。「前」操作期にある子どもは大人が行うような形式的，論理的な思考はできないとされる。物の見え方にとらわれやすく，動いている雲は生きているなどのアニミズム的な思考や，自分に見えているものは（電話の向こう側にいる）人にも見えるなどの自己中心性を示す。
(3) 具体的操作期：おおむね7〜11歳の学童期にあたる。この段階では具体的な事物や手続をともなう論理的思考が可能となる。前操作期と具体的操作期を分ける大きな違いは「数／量の保存」（取り去ったり加えたりしなければ，知覚的な見え方が変わっても質／量は変化しないという概念）を獲得しているか否かである。この段階の子どもはおはじきや粘土などの具体物を用いることで，数／量の保存概念を適切に示すことができる。
(4) 形式的操作期：これは11歳以降に対応する。この段階では具体的な内容から離れ，抽象的な記号操作や推論を行うことが可能になる。未知数を用いて式をたてたり，記号によってすべての組み合わせを網羅的に検討するといったことができるようになる。

ピアジェの発達理論の特徴　ピアジェの理論は「発達の段階説」と呼ばれる。段階説には以下のような特徴があるとされる。

第1に，発達的変化は知識や語彙が漸次的に増えるといった量的な変化ではなく，質の変化であるとされる。各段階は質的に異なるものであり，たとえば大人の思考様式は子どもの前操作期の思考様式とはまったく異なっているとされる。

　第2に，発達的変化は生物学的な変化に基づくものであり，普遍的であるとされる。現代人も，過去の人も，未来の人も，どのような文化にある人でも同じような順序で同じような発達を遂げると考えられている。

　第3に，発達的変化は全般的，領域一般的であるとされる（領域一般性，領域固有性については問題6も参照のこと）。特定の段階から次の段階への移行は，単に「特定の課題ができるようになる」ことによって起きるのではない。たとえば具体的操作期では，言語活動も，数の使用も，自分自身の理解も，道徳性の理解も皆具体的なレベルにとどまっているとされる。これに対し形式的操作期の段階に入れば，どの領域においても具体的内容から離れた論理的，抽象的な思考ができるようになるとされる。

　何が発達的変化を促すか　ピアジェによる基本的な概念の一つに**シェマ（行動様式）の同化と調節**がある。子どもは外界を特定のシェマによって取り入れる（同化）が，このシェマではうまく外界に適応できなくなったり，外界を適切に取り入れられなくなると，シェマを調節することが必要になる。たとえば自己中心的な視点で外界を解釈していた子どもが，自分が見ているものは必ずしも他者には見えていないことに気づけば（これを**葛藤**という），シェマの変更を行うことでより適応的な認知活動ができるようになるだろう。

　このような葛藤は他者との相互交渉，すなわち他者と情報交換をしたり議論したりするなかで生じるという。その意味では，ピアジェの理論は生物学的な基盤に立ちながらも，社会的な側面も重視していることになる。　　　　　　［仲］

| 参考文献 | クレイン，W.C.　小林芳郎・中島実訳　1984『発達の理論』田研出版
ピアジェ，J.　中垣啓訳　2007『ピアジェに学ぶ認知発達』北大路書房 |

問題 3　エリクソンの発達理論とはどのようなものか

エリクソンの理論　エリクソン（Erikson, E. H.）はアメリカの発達心理学者であり精神分析家でもあり，生涯発達的な観点から人格の発達の理論を打ち立てた。**フロイト**（Freud, S.）の人格理論に影響を受けているが，生物学的な成長と社会との相互作用に注目し，より一般的な理論を構築している。

　エリクソンによれば，人は身体的な発達を遂げることにより新しい能力を獲得する。しかしその力を使うことにより，社会との摩擦，あるいは危機が生じ，それを解決することが必要になる。エリクソンの発達理論ではそれらの問題が**発達課題**として示され，課題を克服した状態と失敗した状態とがA対Bというかたちで述べられている。

8つの発達段階　エリクソンがあげている段階は以下の8つである。

(1) 信頼 対 不信：誕生〜1歳半までの段階である。乳児は滋養を与えられることで養育者の態度に一環性，予測性を見いだし，信頼感を獲得する。これを得られないと不信を体験することになる。

(2) 自律性 対 恥と疑惑：1歳半〜3歳までの段階である。この時期の大きな生活的課題はトイレットトレーニングであり，幼児は排泄がコントロールできるようになることで自律の感覚を獲得することができる。しかし，一方でわがままになり，これを制御しようとする親との間で，「より良く見られたい」（恥）や「他者は自分を統制できる」（疑惑）といった感覚を経験する。

(3) 自発性 対 罪悪感：3〜6歳の段階である。この時期，子どもは同性の親と張り合い，異性親を自分のものにしようとする願望をもち，自発性，挑戦，好奇心が激しくなるとされる。このことは社会的な禁忌ともぶつかり，養育者はこういった衝動を制御するために社会的な禁止（罪悪感）を子どもに内在化させる。

(4) 勤勉 対 劣等感：6〜11歳までの段階である。安定した時期であり，子どもは文化的に有用な技能，たとえば読み書きや算数などを積極的に学ぶ。一方で自分に対し不適格感，劣等感を抱くこともある。
(5) 同一性 対 役割の混乱：思春期，青年期に対応し，混乱の時期でもある。**自己同一性**（自分はどのような人間か，社会のなかでどのような位置を占めるのか）の感覚がもてない段階（**自己同一性の混乱**）から特定の人に同一化する段階（同一化の過程），**モラトリアム**（自分自身の発見の休止段階）などを経験する。
(6) 親密 対 孤独：若い成年期に対応する。同一性を獲得した者は他者と真の密接な関係性を築くことができる。
(7) 生殖性 対 停滞：成年期に対応する。親密な人間関係が築けると，次の世代を育てることに関心が向くようになり，子育てや生産的な活動にエネルギーがそそがれることになる。いっぽうで，生殖性がうまく機能しないと人格の停滞が生じるとされる。
(8) 自我の統合 対 絶望：老年期になり人は死に直面する。やり直しがきかないという絶望感を乗り越え，自分の唯一無二の人生を必然的なものとして受け入れることができるとき，人は国家やイデオロギーを超えた自我の統合を経験することができるとされる。

エリクソンの理論では，課題が達成できた状態とできない状態とが対で提示されるが，達成できた状態のみが好ましいのではない。できなかった状態を経験しつつ，できた状態をより多く経験することで，課題はよりよく達成される。彼の理論はピアジェの理論と同様，**段階説**をとっている。すなわち，上記の段階は普遍的であり，どの文化においても発達的変化はこの順序で進むとされる。

［仲］

参考文献
クレイン，W. C. 小林芳郎・中島実訳 1984『発達の理論』田研出版
エリクソン，E. H.・エリクソン，J. M. 村瀬孝雄・近藤邦夫訳 2001『ライフサイクル，その完結』みすず書房

問題 4　心の理論はどのように発達するのか

心の理論とは何か，心の理論はどのように調べるか　私たちは日々，自分や他者の心の内面を推測したり，理解しながら生活している。心の理論とは，そのような推論や理解を導く理論である。心の理論の発達には**再帰的な推論**（再帰的な推論とは，「『私は考えている』ということを私は考えている」といった埋め込みの推論）が重要であるとされる。このような推論能力は一般に**心の理論課題**によって検討されるので，まずはこの課題について説明し，次にそこでの発達的変化について述べる。

心の理論課題は**誤信念課題**ともいう。課題に登場する人物がもっているかもしれない，必ずしも現実とは一致しない信念（誤信念）を問題にするからである。誤信念課題の一つである「**サリー，アン課題**」では，対象者に「サリーはおもちゃを場所Aに置き，出かけた。サリーが出かけている間に，アンがそのおもちゃを場所Bに移し替えた」という小話を提示する。その後，戻ってきたサリーがおもちゃを求めてどこを見るか，というのが課題である。実際にはおもちゃは場所Bにあるが，サリーは移し替えの場面を見ていないので，回答はAでなければならない。対象者は，自分の知識（おもちゃは場所Bにある）を抑制し，サリーの心の内面を推論をしなければ正答することはできない。

「**スマーティ課題**」では，実験者はスマーティの箱（スマーティはチョコレート菓子であり，箱の表面にスマーティが描かれている）を対象者に見せ，中身を尋ねる。対象者は箱の表面を見て「スマーティ」と答えるが，実際には鉛筆が入っていることを示される。次に，対象者は，第三者にこの箱を見せたら，その人物は中身についてどう推論するだろうかと尋ねられる。この課題でも，対象者は自分の知識（中身は鉛筆である）を抑制し，第三者の心の内面，すなわち「スマーティが入っていると思う」と推論しなければならない。「鉛筆」と回答した子どもは自分の知識と第三者の知識を区別できていないことになる。

興味深いことに，この課題に「鉛筆」と答えた対象者に「あなた（対象者）は最初この箱を見たとき，何と答えた？」と問うと，(実際にはスマーティと答えていたのに)「鉛筆」と答えることが多い。これは，対象者が過去の自分の心の状態をも内省できないことを示唆している。ピアジェ（Piage, J.）は前操作期にある幼児は自己中心的であり，他者の視点に立つことができないとした（問題2参照）。しかし，このようなスマーティ課題の結果によれば，幼児は自分の視点（心の状態）も把握していないようである。

心の理論の発達　先にあげた「サリー，アン課題」や「スマーティ課題」はサリーや第三者が事物の場所や中身をどう思っているかという課題であった。これらの課題を**一次の誤信念課題**という。この課題を「アンがおもちゃを移し替えるところを（アンに気づかれずに）サリーが見ていた」と変化させ，「アンは，サリーがおもちゃを求めてどこを探すと思っているか」と尋ねる課題にすると，これは，サリーの心の状態をアンはどのように推論するかという**二次の誤信念課題**になる。幼児は一般に4, 5歳で一次の誤信念課題に通過し，7歳頃には二次の誤信念課題に通過するといわれる。

　このような変化はどの文化でも生じるので，生物学的な基盤に支えられた認知発達によるものだと推察される。しかし，きょうだいの有無，母親の話しかけ，母親が子どもを叱る際，他者の気もちに言及するかどうかなども心の理論の獲得に影響を及ぼすことが知られている（Ruffman, et al, 1999）。きょうだいのいるほうが，また精緻な話しかけをする母親の子どものほうが獲得は早い。また，日本では，親子の一体感があるためか，心の理論の獲得が欧米よりも1, 2年遅れるという報告もある（Naito, 2003）。このようなことから，心の理論の発達には文化的，環境的な作用もかかわっていると考えられる。　　　　　　[仲]

参考文献	内藤美加　2007「心の理論研究の現状と今後の展望」『児童心理学の進歩』（2007年版）金子書房 子安増生　1997『子どもが心を理解するとき』金子書房

 正統的周辺参加および発達の最近接領域とはどのような考え方か

正統的周辺参加 正統的周辺参加（legitimate peripheral participation: LPP）とは，アメリカの社会人類学者である**レイブ**（Lave, J.）と地域実践研究者である**ウエンガー**（Wenger, E.）が提唱した概念である。人は文化において重要とされる技能を，まずは周辺的なことがらに参加しつつ，中心的なことがらに向かって徐々に習得していくという考えであり，**徒弟制度**などに代表される。「正統的」というのは，習得にはそのような周辺参加が必然的に必要であり，その方法によってしか学べない，ということを意味している。

たとえば料理店に雇用された人は，最初は店の掃除などをまかされるかもしれない。どこがどのように汚れるかだけでなく，何時頃どのような客が訪れるのかなどをうかがい知る機会も与えられるだろう。やがてテーブルのセッティング，注文とり，料理を運ぶといったことを任されるかもしれない。厨房に入れば最初は皿洗い，やがて下ごしらえ，盛りつけ，そして最終的には，（調理士免許があれば）調理の中心を手がけたり，新しい工夫ができるようになるだろう。このように周辺的なことがらから中心的なことへと技能を身につけていくことで，共同体への参加が可能になる。正統的周辺参加の考え方は，抽象的な能力（調理能力等）を身につけるというよりも，個人が文化のなかで意味をもつ活動に参加できるようになる，というシステムを表している。

発達の最近接領域 発達の最近接領域（zone of proximal development: ZPD）いう考え方は旧ソビエト連邦の発達・教育心理学者である**ヴィゴツキー**（Vygotsky, L. S.）によるものである。学習者が自力で達成できることがらよりも少し上の領域，言い換えると，自力では達成できないが，教育者の助けがあれば達成可能な領域をさす。この領域に働きかけることにより，学習者は技能を最も効果的に伸ばすことができるとされる。学校教育で行われる試験は，個人が一人で達成できるレベルしか測定しないことが多い。しかしZPDの考え

方は，他者の働きかけや相互交渉があるときにどの程度できるか，という測定も必要であることを示唆している。

正統的周辺参加と最近接領域に共通すること　一般に，私たちは言語能力，思考力，記憶力などを，状況から切り離された抽象的な「能力」として想定しがちである。また，このような能力は，個人が一人で努力して習得していくものと考えがちである。これに対し正統的周辺参加や最近接領域の考え方は，社会・文化的な文脈や社会的相互交渉を重視している。このような学習観を**社会構成主義**的，**状況論**的な学習論という。

社会構成主義的な学習論では技能や能力を，個人の活動というよりも，相互交渉によって習得されるものだと考える。また，状況論的な学習論では技能や能力を社会，文化的な文脈に埋め込まれた心的機能としてとらえる。たとえば「考える」「記憶する」などの心的機能は，①特定の道具や記号（文字や数字のシステム，紐の結び目，ノートとペン等）によって媒介される，②社会・文化的に意味のある活動（所有している牛の数を把握する，いつどれだけ儲かったかを覚えておく等）のなかにあるとされる。人が何かを達成できるかできないかは，抽象的で文脈から切り離された能力の有無よりも，活動の目的や目標，その活動を媒介する材料や方法，その活動のもつ社会的な意味や役割のあり方に依存するとされる。活動の目標や目的が明確であり，活動を媒介している材料や方法が身近であり，その活動が社会的に意義のあるものだと認識されれば，人はその課題をよりよく達成することができるだろう。形式的な学校教育を経ずとも，高度な航海術を身につけたり，建築物を設計し構築することは，このようにして可能になる。このような考え方は，課題のための課題，評価づけのための試験に偏りがちな現代の学校教育に再考を促している（Mistry, 1997）。［仲］

参考文献　レイヴ, J.・ウェンガー, E.　佐伯胖訳　1993『状況に埋め込まれた学習―正統的周辺参加』産業図書
　　　　　柴田義松　2006『ヴィゴツキー入門』子どもの未来社

問題6 認知発達における領域一般性と領域固有性とはどのようなものか

領域一般性と領域固有性 領域一般性 (domain general) とは，知識や推論法則があらゆる対象に適用されることをさし，領域固有性 (domain specificity) とは，知識や推論法則が特定の対象にのみ適用されることをさす。「領域」は，特定の知識や推論法則が適用される対象の範囲のことである。

ピアジェ (Piaget, J.) は領域一般説の立場をとっている（問題2参照）。たとえば前操作期の幼児の思考は知覚的な見えの影響を受けやすいが，これは「とったり加えたりしなければ数／量は変わらない」という「数／量の保存」が獲得されていないことと関連があるとされる。幼児を対象とした古典的な実験で，ピアジェは同じ個数のおはじきを二組用意し，両方の個数が等しいことを確認させたうえで，一方を固めて置いたり，あるいはばらばらに置いたりし，「どちらが多いか」と尋ねた。その結果，幼児は長く置かれた，あるいは固まって置かれた配置の見え方によって「多い，少ない」と判断を変えた。「取っても加えてもいないから同じ」「元のかたちに戻すことができるから同じ」「こっちは（おはじきの列が）長いけどばらばら，こっちは固まっているけど（密度が）つまってる。だから同じ」などの説明を行い，数や量が変化しないことを理解できるようになるのは就学頃のことだとされる。領域一般の考え方に立てば，対象の見かけによる影響を受けやすいという特性は，数や量のみならず，動いているものは生きているとする**アニミズム**や，自分が好きなものは他者も好きだとする**自己中心性**など，あらゆる領域に共通して見られるということになる。

領域固有性 これに対し領域固有性を強調する研究者は，領域に応じて，必ずしも発達的に変化することのない普遍的な知識が存在すると主張する。たとえばアメリカの発達心理学者である**ケアリー** (Carey, 1997) は，乳幼児を対象とした次のような実験を紹介している。この実験では**馴化―脱馴化**という心拍数などの生理指標を用いた方法を用いる。乳幼児に刺激Aに慣れさせたうえ

で（馴化），別の刺激（B）を提示する。刺激がAからBに変化した際，乳幼児の生理指標に変化がなければ，乳幼児は「AとBを区別していない」と解釈される。いっぽう，刺激がAからBに変化した際，生理指標に変化が見られれば（脱馴化），乳幼児はAとBを異なるものとして認識した（いわば，予期しないことが起きて驚いた）と解釈される。ある実験では，乳児に「一つ」の事物がツイタテの背後に入り出てくるというシーン（刺激A）を繰り返し提示した。このようにして馴化させたあと，「一つ」の事物が入り「二つ」の事物が出てくるというシーン（刺激B）を見せる。その結果，乳幼児は脱馴化の反応を示した。つまり乳幼児は一つが二つになることを予期していなかったと推察できる。

　ピアジェの説に立てば，感覚―運動期にある乳幼児は「とったり加えたりしなければ，数は変化しない」ことを理解できないはずである。しかし特定の領域においては，乳幼児でもそのような推論ができるとケアリーらは主張する。こういった推論を可能にする知識（**初期知識**という）は生得的に備わっており，発達の初期からコアとして機能すると考えられている。

　初期知識は数，物理，言語，生物，心理（と大人が名づけるであろう領域）により異なる。たとえば「物体Aが左側から水平に移動してツイタテの背後に入り，そのツイタテの右側から物体Bが出てくる」といったシーンを見せると，大人は，AがツイタテのB背後でBに接触し，Bを押し出したと推論する。馴化―脱馴化法を用いた実験によれば，乳幼児も同様の推論を行う。しかし，A，Bが物体ではなく人間であれば，Bは自発的に動き得るので，必ずしもツイタテの後ろでAとBが接触する必要はない。実際，大人も乳幼児もそのような推論をする。つまり，乳幼児であっても物体と生物では異なる推論を行うといえる（Spelke, 1995）。これも領域固有の知識によるものだと考えられている。　　　　　　　　　　　　　　　　　　　　　　　　　　　［仲］

参考文献
カミロフ-スミス, A.　小島康次・小林好和訳　1997『人間発達の認知科学―精神のモジュール性を超えて』ミネルヴァ書房
岡本夏木・麻生武編著　2000『年齢の心理学―0歳から6歳まで』ミネルヴァ書房

問題 7　自己意識はどのように発達するのか

　自己意識の諸相　自己意識にもさまざまな側面がある。自分は誰か，どのような人間かといった自己に関する知識，自尊心や劣等感のような価値と結びついた**自尊感情**，自分の能力や自信ともかかわる**自己効力感**などが自己意識とかかわっている。以下，順次説明する。

　幼児は1歳にもなると，自分の名前を呼ばれて返事をするようになる。また，2, 3歳になると自分の名前や年齢を答えることができるようになる。しかし，これらの受け答えは条件づけのように行われている可能性もあり，必ずしも自己認識ができているとはいえない。自己認識ができているかどうかを調べる方法の一つに**ミラーテスト**がある。ミラーテストとは，幼児に気づかれないように鼻にマークをつけておき，その後，鏡を見せるという課題である。幼児が（鏡の後ろを見たり，鏡の像に触れるのではなく）すぐに自分の鼻を触ったなら，この幼児は課題に通過したとされる。一般に，幼児は2歳代で課題に通過する。

　類似した課題に**ポヴィネリ**ら（Povinelli, 1996）による遅延自己認識課題がある。彼らは幼児に気づかれないように幼児の身体にステッカーを貼り，その様子を録画し，3分後にその映像を幼児に示した。幼児が映像を見てすぐに自分のステッカーを触るなどすれば，この課題に通過したとされる。この課題に通過する年齢は3歳後半から4歳であり，3歳前半の幼児は，一般のミラータスクは通過できても，遅延自己再認課題は通過しなかった。幼児は4歳を過ぎると，過去の自己像をも把握することができるようになるといえる。

　自己認識の発達的変化は，「私は＿＿」の下線部を埋める文章完成法によっても検討されることが多い。小学校低学年では「私は＿＿」ののち，氏名，住所，性別などの外形的なことがらが記述されることが多い。しかし年齢が上がるにつれ，行動特性（野球が好き），人格特性（明るい）など，より内面的なことがらも記述されるようになる。思春期になると多面的な自己，ひとことでは

とらえきれない自己が記述されることもある（社交的だが非社交的でもある，こうやって記述できないところに真の自分があるなど）。自己の内面についても，「うれしい」「楽しい」といった紋切り型の反応から「うれしいけれど悲しい」などの複数の感情の理解ができるようになる。このようにして，自己に対する認識はより複雑なものとなっていく（Harris, et al., 1988）。

自尊感情と自己効力感 自己を大切に感じる気持ちを自尊感情という。現実に見合った適切な自尊感情は社会に適応し，目的的な活動を行ううえで重要である。自尊感情は，どのような優越感情，劣等感情をもっているかを尋ねたり，自己にあてはまる形容詞を選択させるといった方法により調べる。たとえば高田（2001）は，小，中，高，大学生，若年成人，中年成人を対象とし，自分自身に当てはまる形容詞を，ポジティブな形容詞（あたたかい，頭がよいなど）とネガティブな形容詞（あきっぽい，意志が弱いなど）から選択させるという調査を行った。その結果，どの年代においてもポジティブな形容詞よりもネガティブな形容詞のほうが多く選ばれるが，その差は小中学校では比較的小さいのに対し，高校，大学ではネガティブな形容詞のほうが3割ほど高く，成人ではその差はさらに広がった。一般に，幼児や児童では自己高揚感あるいは自己をポジティブなものと見る**ポジティビティ**（positivity）が高いとされる。このようなポジティビティがあるために，多くのことを学習しなければならない，いわば「大変な学童期」であっても，子どもは日々勤勉に学び，生き延びることができるのだという見方もある。

特定の課題に対する具体的な自信，「できる」という感覚を**自己効力感**という。自己効力感も成功／失敗体験や評価による影響を受ける。成功体験は自己の能力や努力によるものとし，失敗体験は努力が足りなかったと認識できれば，自己効力感は高まるとされる。　　　　　　　　　　　　　　　　　　［仲］

参考文献
梶田叡一編著　2005『自己意識研究の現在』ナカニシヤ出版
仲真紀子編　2008『自己心理学』金子書房

 コミュニケーションの発達的変化はどのように起こるのか

コミュニケーションの発達　幼児は1歳頃より意味，指示対象をもつ発話を行うようになり，5歳頃には3000もの語彙を獲得する。また，就学前には60文字程度のひらがなは読めるようになり，うち半数程度は書けるようにもなっているという。しかし，単語や文字を知っているだけでは十分なコミュニケーションはできない。特定の文脈において何をどのように伝えるかについての技能の修得が必要である。ここでは「体験や出来事の報告」について，その発達的変化をもたらす要因について述べる。

出来事の報告　出来事や体験は「いつ，どこで，誰が，何を，どうした，どう感じた，どう思った」などによって伝えられる。文体は過去形を用いるのが普通であり，その場合は事実を報告することが期待される（そうでないと，嘘をついた，冗談を言っている，ということになる）。また，聞き手がその出来事の背景について何をどの程度知っているかを考慮し，前後の文脈や状況，背景を説明することが必要である。こういった技能の習得には，養育者をはじめとする，他者との相互交渉，コミュニケーションが重要である。

ファイヴァッシュとフロムホフ（Fivush & Fromhoff, 1988）は2歳代の母子の会話を検討し，幼児の言及したことがらを母親がどのように**精緻化**するかという観点から高精緻化母親と低精緻化母親を分けた（ここでの精緻化とは，子どもが提示したトピックについて，より詳細な情報を提供したり，話題を拡張することをいう）。これらの母親の子どもの報告を調べたところ，高精緻化母親の子どもは，そうでない母親の子どもよりも，より詳細に出来事を報告することが多かった。ピーターソンとマッケイブ（Peterson, & McCabe, 1996）は「いつ，どこ」という質問を行う母親の子どもと，そうでない母親の子どもとを比較した。この調査でも，そのような質問を多く行う母親の子どものほうが，のちに，場所や時間に言及するようになったという。

発達の**最近接領域**の考えによれば，子どもが自発的にできることがらよりももう少し上の領域における支援が最も有効だとされる（問題5参照）。子どもがまだ自発的に報告することができなくても，親の方から関連する情報を提供したり，質問をすることによって子どもを会話に引き込んでいくことが，語りの技能を高めるといえるだろう。なお，このような支援を，建物を建てるときの足場になぞらえて**スキャフォルディング**（足場）という。やがて幼児が自発的に報告できるようになってくると，養育者は徐々にスキャフォルディングを減らしていく。金と仲（2002）は3，4，5歳児と母親，父親による，最近の楽しかった出来事についての会話を分析した。これらの会話においても，幼児の年齢が上がるほど，親は質問の数を減らしていくことが示された。

相互交渉による支援は，さらに家庭から公教育へと受け継がれていく。たとえば，幼稚園や保育所では**生活発表**（休暇のあとなど，幼児がほかの園児の前で体験したことを報告する活動）などをとおして，過去の体験を語るということが行われる。藤崎（1995, 1998）の調査によれば，保育士は，幼児の年齢によって質問を変化させるという。年少の幼児であればどのようなテーマであっても話すことが奨励されるが，年長になると，保育士は皆の前で話すべきテーマ（特別なこと，変わったことなど）の選定を促す。

就学後は，こういった活動は作文や新聞づくりに引き継がれるかもしれない。児童による作文が冗長で焦点の定まらないものであれば，教師は出来事を羅列的に書くのではなく，重要なことがらを取り上げ，他者にもわかるように順序立てて書くように求めるだろう。また，報告には印象や感情も含めるよう指示するかもしれない。このようにして，子どもは文化，社会のなかで求められるコミュニケーションの形式を学んでいく（仲，1999）。　　　　　　　　［仲］

参考文献
桐谷滋編　1999『ことばの獲得』ミネルヴァ書房
仲真紀子　2005「子どもは出来事をどのように記憶し想起するか」内田伸子編『心理学——こころの不思議を解き明かす』光生館

第2章　記憶過程と学習

問題 9　記憶の基本的なしくみはどうなっているのか

学習における記憶　学習とは，学校教育場面も含め，さまざまな場面で人間が新しい知識や技能を獲得することにかかわる重要な現象である。この学習において，どのように記憶の過程が働らいているのかを理解することで，適切で効率のよい学習をすることができる。ここでは記憶の基本的なしくみについて説明する。

まず，「人間の記憶は一種類ではない」ということを知っておく必要がある。人間の記憶は，その性質や機能の違いによって複数に分類されている。一口に「学習」といっても，その学習に含まれている要素によって，関与している記憶の種類が異なってくるのであり，どのような場面でどのような記憶がかかわっているのかを知ることが，学習を適切に，効率よく進める鍵となる。

短期記憶と長期記憶　第1に，記憶は情報が保持される期間によって，**作動記憶**（あるいは**短期記憶**）と，**長期記憶**に大別される。外界から入ってきた新しい情報は，まず作動記憶に保持される。作動記憶は「意識の場」であり，情報をくり返し唱える**リハーサル**をすることで，その情報を意識の場にとどめておくことができる。ただしリハーサルをやめれば，その情報は数十秒で消えてしまう。たとえば新しい電話番号は，プッシュし終わるまではリハーサルしているおかげで覚えていられるが，電話がつながり，会話を始めると忘れてしまう（作動記憶については問題10参照）。それに対して，リハーサルをしていなくても，必要に応じて再現できるのが，長期記憶である。たとえば「あなたの住所は？」と問われれば，問われるまでは自分の住所に関する情報が意識の場になかったとしても，その情報は長期記憶から検索される。作動記憶（短期記憶）に対して，長期記憶において情報を保持できる期間は長く，種類によっては半永久的である。また，長期記憶はさらに分類することが可能である。

手続記憶と宣言記憶（エピソード記憶，意味記憶） 長期記憶は，言語的に獲得・再現が可能な**宣言記憶**と，それが困難な**手続記憶**に大きく分類される（図2-1）。宣言記憶はさらに，「時間と場所」という文脈情報を伴って意識的に検索される**エピソード記憶**と，一般的知識や事実に関する**意味記憶**とに分類される。たとえば「昨日の晩ご飯は？」という問いに対して「カレー」が頭に浮かんだとしても，それが，一昨日ではなく「昨日の晩」のことと確信をもって思い出すためには，「いつ，どこで，誰と，どんな状況で」カレーを食べたのかという文脈情報も思い出せることが重要であり，これがエピソード記憶の大きな特徴の一つである。それに対して，たとえば「平安京遷都は何年？」という問いに答えるときには，その知識をいつどこで学習したのかというエピソードを思い出す必要はなく，単に一般的な知識として検索し，利用することが可能である。これが意味記憶の大きな特徴の一つである。

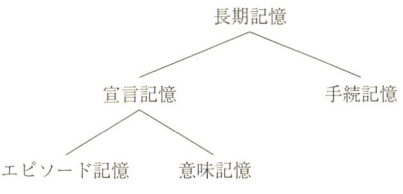

図2-1　長期記憶の分類（Squire, 1989を改変）

　これらの宣言記憶と異なり，手続記憶は，言語的に獲得したり，他者から言語的に伝授されることが困難で，学習者自身の経験が重要な役割を果たす。たとえば，「自転車の乗り方」のような運動技能の獲得は手続記憶によるものである。自転車の乗り方を言語的に説明されて，その内容を暗記したとしても，乗れるようになるわけではない。同時に，乗れるようになる（手続記憶を獲得する）ためには，学習者自身が何度も練習することが重要である。そのように獲得された手続記憶は，かなりの長期間にわたって保持しておくことが可能である。自転車に何年も乗っていなくても，少しだけ練習すれば，また元のように乗れるようになるだろう。また，手続記憶は，意識的に「思い出す」必要はなく，自動的に利用可能なのも大きな特徴である。　　　　　　　［藤田］

| 参考文献 | 森 敏昭・井上 毅・松井孝雄共著　1995『グラフィック認知心理学』サイエンス社 |

問題 10　作動記憶の役割と限界を知る意義は何か

　短期記憶と作動記憶　類似した概念として扱われることが多い両者の最大の違いは，**短期記憶**は「情報を一時的に保持するための貯蔵庫」であるのに対し，**作動記憶**は，「情報の保持と，能動的な処理を同時に行うシステム」と位置づけられている点にある。一般的な心理学の教科書に記されている，「短期記憶に貯蔵できる情報量は 7 ± 2 程度」とは，たとえば数字や単語を 7 個程度は一度に覚え，直後に答えることができるという意味だが，この短期記憶の容量は，「情報の保持のみを行う場合の容量」である。学習を含む，なんらかの認知的な活動場面では，私たちは情報を保持するだけでなく，処理も同時に行っていることがほとんどである。作動記憶は，情報の保持と能動的な処理を同時に行う，まさに今，意識の場として作動している（working）記憶である。

　その一つの例として，文章読解について考えてみよう。読者は文中に出てくるキーワード（たとえば「短期記憶」「作動記憶」など）を「保持」しながら，「読解」という処理を同時に行っているはずである。直前までの文章内容を保持していなければ前後の文脈をふまえた正確な読解はむずかしいし，正しく読解するためには単に文章を一時的に保持するだけでなく，具体的な場面をイメージしたり，自分の体験と結びつけるといった「処理」も行う必要がある。

　作動記憶研究でよく用いられるテストの一つが**リーディングスパンテスト**である。図 2-2 に示したような下線つきの文を一つずつ提示し，それを音読しながら，下線部の単語（ターゲット語）を最大でいくつ覚えておけるのかが測定される。つまり，「音読処理」と「ターゲット語の保持」を同時に，何文まで行えるのかというテストである。7 歳児の平均は 2.0，10 歳で 2.8 程度になる。成人でも平均は 3.0〜3.5 程度で，短期記憶として，数字を保持するだけの「数字スパン」が 7 ± 2 になるのに比べ，かなり少ないことがわかる。

　学習場面で注意すべきこと　このことをふまえれば，学習場面での留意点が

明確になる。他者に新しい情報を伝えたり作業の指示を与える「教える」場面では，学習者は与えられた情報を保持するだけでなく，その内容の理解や真偽判断などの処理を同時に行っていることを念頭におく必要がある。教える側に

> わたしはバスで学校に通っています。
> 日曜日は一日中お父さんと遊びました。
>
> ターゲット語：バス，お父さん

図2-2 小学生用リーディングスパンテストの例（苧阪, 2002より再構成）

とっては熟知しているために理解するという処理が不要な情報でも，学ぶ側にとっては新奇であるために，より多くの処理が必要となる。したがって教える側は，新しい情報を一度にたくさん提示しないように注意すべきである。リーディングスパンテストでの単なる音読処理に比べ，実際の学習活動はより複雑なため，同時に保持および処理できる情報量にはさらに制約が加わると思われる。具体的には，一つの指示中に複数の事柄を含めないこと，複数の指示を同時に与えないことのほか，キーワードや指示は板書するなどして，学習者が作動記憶内に「保持」する必要をなくしたり，「指示」と「作業」を時間的に分けて，学習者が「指示の聞き取り」と「作業・処理」を同時に行わなくてもよいような状況をつくることができれば，なお望ましいだろう。

また，自分が「学ぶ」場面でも同様に注意すべき点がある。新しい情報が連続的に与えられる場合には，自分では覚えることができているつもりでも，実際には短時間のうちにそれらの情報を失っているかもしれない。なんらかの処理を同時に行っている場合にはなおさらのこと，自分が考えている以上に早く作動記憶内の情報は失われていくことを知っておくべきである。したがって，必要な情報は，こまめにメモして作動記憶の負担を減らし，情報の消失にそなえることが有効である。ただし，メモを取ることに追われすぎると，理解や保持がむしろおろそかになるので，本当に必要な情報のみにとどめることが肝要であろう。

［藤田］

参考文献	三宅晶　1995「短期記憶と作動記憶」高野陽太郎編『認知心理学2　記憶』東京大学出版会

問題 11　知識としての意味記憶ネットワークとは

一般的知識に関する意味記憶のしくみ　私たちの「知識」は，個別に格納されているのではなくて，相互に関連づけられた**ネットワーク**構造をもっていると考えられている。図2-3のなかで，楕円（ノード）が知識を表し，楕円と楕円を結ぶ線（リンク）が張られている場合には，その知識間になんらかの関係性があることが表現されている。この意味記憶ネットワークは，**活性化拡散理論**に基づいている。私たちの知識は，通常はすべてが利用可能な状態にあるわけではなく，必要に応じて活性化され，利用可能になると考えられている。ある知識が活性化すると，その活性化はリンクを伝わって，関連のあるノードも活性化する。たとえば，「赤」ということばを提示されると，「消防車」「火」などのことばを連想するのはこの活性化の拡散のせいである。

新しい知識を獲得（学習）するのは，既存のネットワーク，つまり既有知識

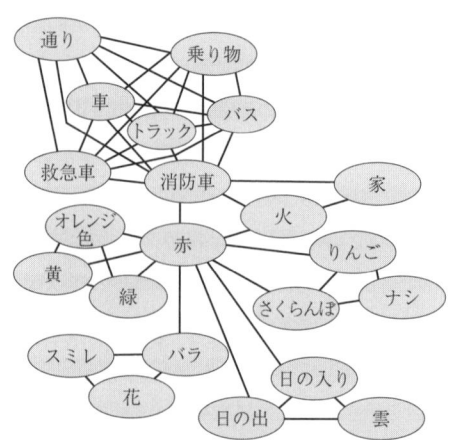

図2-3　活性化拡散理論に基づく意味的ネットワーク（Collins & Loftus, 1975）

にその情報を組み込むことを意味する。ただし，むやみに組み込むのではなくて，のちに活性化されやすいように（検索されやすいように），適切な知識と関連づける必要がある。逆に，既有知識との関連づけが十分でないまま，いわゆる「丸暗記」をしたとしても，のちにその情報を検索することは困難だろう。言い換えれば，自分がすでに知っていることとの関連性が明確にならない限り，「理解した」状態とはいえないということである。以上のことをふまえ，学習場面において配慮すべき点をいくつかあげてみよう。

意味記憶による学習の促進　学習を始める前に，その学習内容と関連の深い既有知識をあらかじめ活性化して準備状態をつくっておけば，学習が適切かつ速やかに行われる。具体的には，**先行オーガナイザー**と呼ばれる，学習内容の包括的・一般的な情報を，学習前に提示することが効果的である。たとえば学習内容の要約を先行オーガナイザーとして用いることができるが，そのほかにも，学習内容と関連のある身近なたとえ話なども有効である。新たな情報を「どのように理解すればよいか」の道筋を示し，関連づけるべき既有知識をあらかじめ活性化しておくことで，理解と獲得を促進できるのである。

　学習者自身の既有知識量という観点からは，次のようなことがいえる。新たに学習すべき情報が，利用可能性の高い状態で獲得できるかどうかは，関連する既有知識が豊富かどうかに依存する。関連づける「相手」の意味記憶ネットワークが密であればこそ，新たに複数のリンクで結びつけることが可能となる。誰もが，自分の興味ある分野（得意分野の学習や，自分の趣味）のことなら容易に覚えられるのに，苦手な，興味のない分野の勉強ではなかなか覚えられないという経験をもっているだろうが，それは，既有知識の量と密度が分野によって異なることも一因と考えられる。逆に，どんな分野でもできるだけ興味をもって積極的にかかわる姿勢をもてば，新しい知識と関連づけることが可能な既有知識が豊富になるため，知識の獲得が適切かつ容易になるだろう。　　　［藤田］

| 参考文献 | 大村彰道編　1996『教育心理学Ⅰ　発達と学習指導の心理学』東京大学出版会
髙橋雅延　1992「認知の発達　記憶の発達」多鹿秀継・鈴木眞雄編著『発達と学習の基礎』福村出版 |

問題12　知識の獲得に記憶方略を用いるには

　新しい知識を学習したばかりのときは，まだエピソード記憶の状態であり，「いつ，どこで」学んだのかという文脈情報が，その知識を検索するうえで重要な役割を果たす。そののち，何度もその知識を検索し利用しているうちに，特定の文脈を手がかりにしなくても活用できる意味記憶になっていくと考えられる。このことをふまえて，知識の獲得の前提となっている，学習した情報をエピソード記憶として思い出しやすくするための工夫について述べよう。

　精緻化とは　まず初めに，学習する（知識を獲得する）文脈と，思い出す文脈が類似しているほど，その記憶は思い出しやすいという大原則を頭に入れておく必要がある。ここでいう**文脈**には，その情報の意味内容に関するものはもちろんのこと，一見記憶とは無関係に思えるような，部屋などの環境，学習者の体調や気分なども含まれる。その情報自体に着目した場合にも，「どのように覚えるべきか」の答えは，「どのように思い出す（その記憶を利用する）ことになるのか」と密接に関連しているのである。思い出す場面では，情報がパッと頭に浮かぶばかりではなく，意図的に手がかりから情報を検索する必要に迫られることも多いだろう。そのため，「覚えるべき情報と既有知識を結びつけ，のちに利用可能な手がかりを豊富にするような工夫」が，有効な覚え方の一つであり，**精緻化**と呼ばれるものである。反対に，精緻化を行わずに，情報をそのまま「丸暗記」することは，最も効率の悪い覚え方といえる。やみくもに長い時間をかけて繰り返すよりも，適切な精緻化を行うほうが効果的なのである。

　以下，代表的な精緻化をいくつか紹介しよう。覚えるべき情報を視覚化したり，具体的な画像とペアにして覚えることを**イメージ化**という。単に言語的に覚えるよりも，のちに思い出しやすくなる方略だが，抽象的な情報に対してはイメージとペアにしたりイメージ化することが困難なために適さない。そのような場合には，意味的・概念的に「深い処理」をすることが望ましい。同じ学

表 2-4 記憶実験において処理水準を操作する質問の例（藤田，2006 より）

処理のタイプ	単語例	質問例	処理の深さ
形態的・表面的	ツクエ	カタカナ表記ですか？	浅い
音韻的	インコ	キンコと同じ韻を踏みますか？	↕
意味的・概念的	ミカン	食べられるものですか？	深い

習材料を対象に，同じ学習時間を割り当てたとしても，その学習中にどのような水準（レベル）の処理を行ったかによって，のちの記憶成績が異なるという現象を，**処理水準効果**という（表2-4）。表面的で「浅い処理」をした場合には，時間をかけても学習効果は上がりにくいが，その学習材料に関する既有知識を活性化させたり，新たな推論や因果関係の補足を行うなどの「深い処理」をすれば，あとから思い出す手がかりが豊富になるということである。

ほかにも，他者から与えられた情報よりも，自分自身が生成した（考え出した）情報のほうが記憶に優れるという**生成効果**がよく知られている。これを学習場面に当てはめて考えると，たとえば「問題」に対して，すぐに解答を参照してしまうよりも，まずは自分自身で考える習慣をつけたほうが，その情報の定着には効果が期待できる。

　記憶方略を使いこなす　そのほかにも，精緻化にはいくつもの種類があるが，それらは「どれが一番効果的か」という発想ではなくて，「覚えるべき情報や文脈によって，使い分ける」という発想でとらえるべきである。このように戦略的に使われる記憶方法を，心理学では**記憶方略**と呼ぶ。常に決まった記憶方略を用いるのではなく，本書以外の類書も参考にして，さまざまな記憶方略を試し，その効果を検証するという姿勢をもち続けることが，自分自身の記憶力を増進させる鍵といえるだろう。　　　　　　　　　　　　　　　　［藤田］

| 参考文献 | 藤田哲也編著　2007『絶対役立つ教育心理学　実践の理論，理論を実践』ミネルヴァ書房 |

問題13　記憶方略を使いこなせるよう指導するための観点とは

学習指導における注意点　教える側が記憶方略に関する指導を行う際に考慮すべきポイントの一つ目は，学習者の年齢，すなわち認知発達の段階である。たとえば，覚えるべき情報をくり返し唱えるという，最も基本的な記憶方略の一つであるリハーサル方略でも，就学前では自発的に使わない子が多い。その結果として生じる「記憶力（記憶成績）」における個人差は，生得的な能力差を必ずしも意味しない。「何かを覚えたいときには，何度もくり返し声に出すといいよ」と方略を教え，少しばかりの訓練をすれば，すぐにリハーサル方略を使えるようになり，記憶成績も改善されるからである。ここで強調したいのは，「方略を用いる」こと自体から指導を始めるべき年齢の子もいるということである。さらに，記憶方略のなかには，指導すればすぐに使えるものばかりではなく，認知発達の段階による制約があるものもある。イメージ化方略（問題12参照）はその一例である。自由自在にイメージを生成したり操作できるようになるのは，ピアジェの理論でいえば具体的操作期以降で，それ以前の小学校低学年の子にイメージ化方略を教えても使うことは困難な場合が多い。

　ポイントの二つ目は，学習者の「覚える必要性の認知」が「実際の方略使用」と結びつかないことに対しても考慮すべきことである。例として，テスト時に思い出せれば，1セントもらえる単語と10セントもらえる単語があると予告した研究を紹介しよう。図2-5左は，各学年の学習者の各単語に対するリハーサル回数である。小学5年生では両方の単語に対するリハーサル回数も記憶成績（図2-5右）も変わらなかったが，大学生では10セント単語により多くのリハーサルを行い，成績もよかった。つまり「ここが重要だ（10セント単語を覚えるべき）」と理解したとしても，学習者によっては，重要だと示された部分を重点的に覚えるような活動を自発的に行えるとは限らない。したがって，どのような記憶方略を用いるべきなのかまで，具体的な学習活動や教材を

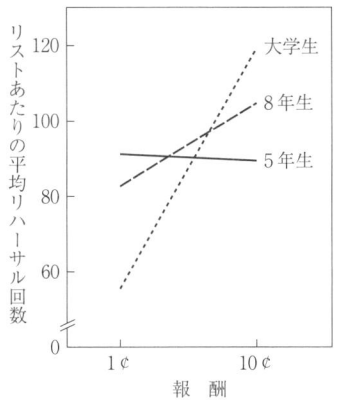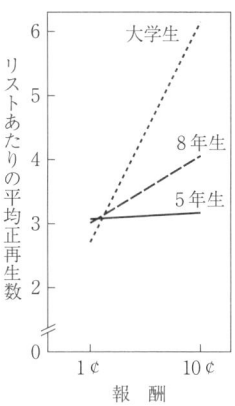

図2-5 1セント項目と10セント項目に対するリハーサル回数（左）と記憶成績（右）（多鹿・鈴木，1992）

用いて指導する必要がある。

学習観 年齢が上がっても適切に記憶方略を使いせるようにならない原因の一つとして，学習観をあげることができる。効果的な記憶方略は，必ずしも楽な学習法ではなく，認知的な負担，時間や手間を必要とすることが多い。また，前節でも述べたとおり，学習すべき情報の質に合わせて方略を選択しなければ，十分に効果が上がらないこともある。こうした，方略使用のコスト（負の部分）のせいで，方略使用を重視する学習観ではなく，単純に時間や量だけを増やせばよいという学習観や，自分自身の工夫より，よい塾や教師に教わることが有効だと考える学習観を強くもつ学習者も少なくない。効果があるはずの方略でも，使用経験がなくてはその有効性を認知できないので，いつまでも方略使用を重視しないという悪循環につながる可能性もある。したがって，学習指導の際には，単に記憶方略を紹介するだけではなくて，少なくともある程度の期間，継続的にその方略を使い，学習者がその結果として効果を実感できるような中・長期的な展望を，教える側がもつことも重要となるであろう。［藤田］

| 参考文献 | 藤田哲也編著 2007 『絶対役立つ教育心理学　実践の理論，理論を実践』ミネルヴァ書房 |

問題 14　記憶の種類に応じた教授方法とはどのようなものか

　教育効果を「教師が何を教えたか」ではなく，「学習者が何を習得できたか」という観点からとらえるなら，授業計画・教育計画を「どの種類の記憶にかかわる内容か」という観点から見直すことは，効果的な**教授方法**を考案したり選択するうえで有益だと思われる。ここでは，知識や技能を長期にわたって保持することを念頭におき，各種の長期記憶に応じた教授方法を考える枠組みについて説明したい。

　宣言記憶に対応した教授方法　長期記憶のうち，言語的に表現および伝達が可能な**宣言記憶**は，**意味記憶**と**エピソード記憶**に分類されるが，もし，学習者に習得してもらいたい内容が，言語的に記述可能な法則や定義なら，最終的には意味記憶として獲得することが目標になる。したがって，その内容をきちんと言語的に表現し，正確な命題として伝える必要がある（表2-6の1）が，そのまま丸暗記を求めるような教え方をしても，記憶として獲得することは難しい。記憶の定着および検索可能性を高めるためには，たとえば，言語のみでな

表2-6　さまざまな記憶の習得と教授方法の例との関係（藤田，2007を改変）

教授方法の例	記憶の種類		
	手続	意味	エピソード
1. 教科書・プリントの言語的記述によって説明	×	○	△
2. 教科書・プリントの図表によって説明	×	◎	○
3. 教師による操作のデモンストレーション	○	○	○
4. 教師の説明どおりに学習者が実演・実習	◎	○	△
5. 学習者のペースで自由に実演・実習	○	△	○
6. 教師が例題を出して学習者が実演・実習	◎	○	◎
7. 学習者同士に教え合いをさせる	○	○	◎

注：表中の記号は，それぞれの教授方法が，◎はかなり有効，○は有効，△は無意味ではないが他の手段の方が有効，×はあまり効果が期待できない，ということを示す。

く，具体的なイメージ（図表）と組み合わせることが望ましい（表2-6の2）。もちろんこのほかにも，問題13で紹介した記憶方略を活用して，まずはエピソード記憶として思い出せる可能性を高めることができるので，表2-6以外の教授方法についても工夫することが有効である。

手続記憶に対応した教授方法 いっぽう，習得してもらいたい内容が，体育や音楽，美術に含まれる「身体技能」であればもちろんのこと，たとえば理科の実験手続きなどの「段取り」の学習や，数学の文章題を解くなどの「認知的な手続き」でも，それには**手続記憶**が強く関与している。その場合には，いくらその手続きを言語化（マニュアル化）したり，図解しても，学習者自身の実演抜きには確実な習得は望めない。学習者自身による実演のための時間を確保することが必要（表2-6の4あるいは6）であり，一般には手続記憶の獲得にはある程度の期間にわたる反復が必要なので，可能であれば授業の枠組みのなかで，それが無理なら宿題などの家庭学習の機会等を利用して，反復訓練を求めることが望ましいだろう。

さらなる応用をめざして また，表2-6の7のように，学習者同士の相互教授を行うと，実演による手続記憶獲得の側面と，他者との相互行為による感情喚起がエピソード記憶の想起可能性を高める側面の，両者が期待できる。この例からもわかるように，ある一つの教授方法が，ある特定の種類の記憶「のみ」と，一対一の対応関係にあるわけではなく，複合的な特徴をもっている。同時に，学習者に習得してもらいたい知識や技能自体も，単一ではなく複数の記憶システムが関与したものであることのほうが多いだろう。表2-6に示したのはあくまでも一例にすぎないし，絶対的なものというよりは状況によって効果は流動的であると考えたほうが適切である。そのつど，自分の伝えたい内容がどの記憶システムにかかわるのかを考慮することで，最適な教材や授業展開を適切に選択できるはずである。 ［藤田］

参考文献 藤田哲也 2006 「心理学を活かした教育実践のために」井上智義編『視聴覚メディアと教育方法 ver.2 認知心理学とコンピュータ科学の応用実践のために』北大路書房

問題 15 学習に罰と報酬はどう機能しているか

オペラント条件づけのしくみ　心理学では，新しい知識や技能の獲得だけでなく，ある経験による「行動の変容」をも学習ととらえている。ここでは**オペラント条件づけ**（道具的条件づけ）の考え方に基づいて，罰と報酬が学習行動にどのように影響を及ぼしうるのかを説明しよう。

まず，レバーを押すとエサが出るしかけになっている箱に，ネズミを入れたところを想像してほしい。ネズミは箱のしかけを知らないため，最初はレバーを押そうとしないが，そのうち偶然レバーを押し，エサをもらえることを経験する。すると，ネズミはエサを得るために，レバーを頻繁に押すようになる。このエサは，「レバー押し」行動を**強化**する**強化子**（強化刺激）になっている。ここでいう強化とは「行動の主体（ネズミ）にとって好ましい刺激（エサ）を与えることで，直前の行動（レバー押し）の自発的頻度を増加させる手続き」をさす，心理学の専門用語である。

ここで注意すべきは，「レバー押し」に「エサ」が随伴することで，「直前の」レバー押し行動が強化されていることである。「エサを見せたから，レバーを押した」のではなく，「エサをもらう手段（道具）として，レバーを押した」のである。ここでの「エサ」は行動の主体に好まれる**報酬**であり，与えることで行動自発を増加させる（強化する）ので**正の強化子**と呼ばれる。

同様に，「正の強化子＝報酬」を「与える」だけでなく，「**負の強化子＝不快な刺激**」を「除去する」ことでも学習は成立する。たとえば，レバーを押せば電気ショック（負の強化子）から免れるという状況でもレバー押し行動が強化される。

反対に，「不快なもの（負の強化子）を与える」か「好ましいもの（正の強化子）を取り除く」ことで，その直前の行動の自発的頻度は減少する。人間の子どもに当てはめるなら，前者の例は「いたずらしたから叱る」，後者の例は

表2-7 オペラント条件づけにおける，刺激の種類と操作による行動変化（太田，2009）

強化子の種類	強化子の操作	
	与える	取り除く
正の強化子 （好きな刺激）	正の強化 （行動頻度増加）	負の罰 （行動頻度減少）
負の強化子 （嫌いな刺激）	正の罰 （行動頻度減少）	負の強化 （行動頻度増加）

「いたずらしたからオヤツ抜き」という具合である。強化に対して，このような，直前の行動の自発的頻度を減少させることをオペラント条件づけでは**罰**という。一般に日常生活でいう「罰」とは少し意味が異なっているので注意が必要である。先の例では，いずれもいたずら行動の自発的頻度を減少させることになる。以上のことを表2-7にまとめて示す。

罰より報酬を 子どもの行動を望ましい方向に変容させたい場合，基本的に，子どもを不快な状態にする「罰」のみを用いることは避けたほうがよいだろう。子どもの視点に立てば，「何か不適切な行動をすると，罰を与えてくる（好きなものを取り上げる）大人」とは距離をおこうとするだろうし，人間関係も良好なものになりにくい。それに対し，「好ましい行動をすれば，ほめてくれる（嫌なものをなくしてくれる）大人」には積極的にかかわろうとするだろう。結果として，後者のほうが子どもたちの行動を好ましい方向に導く機会を多く得ることになる。子どもの好ましくない行動を放置すべきというつもりはない。問題行動を叱るだけでなく，「このようにしたらよい」という，子どもが取るべき好ましい行動の選択肢を同時に提示することが重要である。そうすれば，のちに子どもをほめる機会を得やすくなるだろう。　　　　　　　　　　［藤田］

参考文献	太田信夫編　2009『教育心理学概論』放送大学教育振興会

問題 16　教師は生徒からどのように観察学習されているのか

観察学習とは　問題 15 のオペラント条件づけと異なり，学習者に報酬が直接与えられたり試行錯誤を重ねなくても，他者の行動を観察するだけでも，その行動を学習することがあり，これを**観察学習**という。さらに，その他者がその行動によって報酬を得ているところを観察すると，学習者もその行動を実行に移すことが多くなる。まずは，観察学習の基本的なしくみについて説明しよう。

たとえば，子どもたちに暴力シーンを含む TV 番組と，含まない番組を視聴させたとしよう。そのあとで，それぞれの子どもの遊び方を比較すると，暴力シーンを含む番組を見た子どものほうが，他者への攻撃性が増加したり，武器のおもちゃで遊んだり攻撃行動を伴う遊びが増える傾向が見られたと報告している研究がある。この子どもたちは，自分の攻撃行動によって直接的に報酬を得ているわけではないが，TV のなかの人物が暴力行動を行っているのを観察し，その攻撃的衝動を学習したのだと解釈された。また，殴る・蹴るといった攻撃行動をそのまま模倣して行動に移す場合ばかりではなく，表面的な行動は変わっても，他者を攻撃するという意図が観察されることも多い。

ただし，観察学習は，望ましくない行動ばかりではなく，たとえば他者を思いやる行動など，望ましい行動も対象に含んでいる。

重要なのは，観察されている側に，その意図がなくても，特定の行動が観察学習されてしまうという点である。たとえば，自宅で親がダラダラと TV を視聴したりゲームをしていれば，その行動は子どもに観察学習される。親が TV を見ながら，子どもには「遊んでばかりいないで勉強しなさい」と言っても説得力に欠けることは容易に想像できるだろう。

教師が観察されていること　話を学校教育場面に移そう。教師のさまざまな行動も，児童生徒から観察学習される対象となっていることに留意すべきであ

る。観察学習の観点からも，問題15でも述べたとおり，不快な刺激を与える罰によって子どもの行動を変容しようとすることは避けたほうがよいといえる。子どもが何か「望ましくない行動」をした際に，教師が不快な刺激を与える（いわゆる「罰を与える」）場合，何が観察学習されるだろうか。もちろん，その叱られた子だけでなく，その子が罰を与えられているところを見ていたほかの子も，「その行動は望ましくない」ということを観察学習するだろう。それだけならばよいのだが，ほかにも，「好ましくない行動をした相手には罰を与えてもよい」という図式まで観察学習されている可能性がある。体罰を用いるべきではないことはいうまでもなかろうが，教師が教室内で特定の子を口頭で非難しただけでも，「悪いことをした子に対しては，大勢の前で非難してもよい」ということが，ほかの子によって観察学習されているかもしれない。教師が感情的に叱っていたとしたら，なおさらである。「自分の気に入らない行動をした相手には罰を与える」という行動パターン自体が，教師お墨付きの正当な行動として観察学習されてしまうことで，子どうしでも「自分の気に入らない行動をした相手に罰を与える」という状況が生起しやすくなる可能性がある。つまり，教師が自分は熱心に指導をしているつもりが，逆にいじめの原因をつくりあげているのかもしれない。

　以上のとおり，教師は必ずしも自分の言動が，自分の意図どおりに観察学習されるとは限らない，ということを念頭においておく必要がある。同時に，教師が子どもたちにどのように接しているのかが，教室内での子どもどうしの交流のあり方に大きく影響する。罰を与えるのを基本とするのではなく，**報酬**（ほめること）を基本としたかかわりを心がけるほうがよいだろう。そのためにも，子どもたちに求めるような，望ましい行動を教師自身が率先して行うようにし，口先だけで子どもたちの行動を変容させようとしない姿勢が重要だと思われる。　　　　　　　　　　　　　　　　　　　　　　　　　　［藤田］

| 参考文献 | 山内光哉・春木豊　2001『グラフィック学習心理学　行動と認知』サイエンス社 |

第3章 思考過程と知能

問題 17 問題解決のためにはどのような過程が必要か

問題解決とは 問題解決（problem solving）とは，一般に，**初期状態**（現在の状態）と目標状態とのギャップを埋めることをさす。言い換えれば，ある結果を得なければならないのに，それを得るための方法（**オペレータ**）が明らかにされていない事態（問題事態）に際して，この事態の解決を図ることを意味する。問題解決のためには，思考が要求される。たとえば，底辺の長さと高さがわかっている三角形の面積を求める問題では，「面積がわからない」という初期状態から「面積がわかっている」という目標状態へと移行するためには，底辺×高さ÷2という式に数値を当てはめる手続きをとる必要がある。この例では，初期状態，目標状態，両者の間のギャップの埋め方という三つの要素がはっきりしている。このように，三つの要素のすべてが明らかな問題を，**明確に定義された問題**（well-defined problem）と呼ぶ。いっぽう，私たちが日常生活で直面する問題の多くは，どちらかといえば，**明確に定義されていない問題**（ill-defined problem）である。たとえば「効果的な学習を実現するためにはどうすればよいか」といった問題では，そもそも，「効果的な学習とは何か」があいまいである。そこで，効果的な学習をまず具体的に定義し，問題を扱いやすいかたちに表現しなおす必要がある。これまでの学校教育においては，明確に定義された問題の解き方はかなり練習する機会があったが，明確に定義されていない問題については練習の機会が乏しかった。しかし，私たちが適応的に生きていくためには，現実場面で遭遇することの多い，明確に定義されていない問題を適切に解決することは不可欠である。

問題解決の過程 ワラス（Wallas, 1926）は，偉大な業績を残した科学者などの思考過程を調べて共通点を見いだし，創造的な問題解決の過程を次の4段階に分けている。

(1) 準備期：まず，解決しようという意欲をもち，必要な情報を集めたり技術を備えたりして，問題解決に熱中する
(2) あたため期：いったん問題から離れ，一見問題とは無関係なことをしながら，考えが熟して自然に出て来るのを待つ
(3) ひらめき期：突然，創造的な問題解決法がひらめく。しかも，その考えは強い確信を伴う
(4) 検証期：ひらめいた考えを吟味し，これが正しいことを検証する

いっぽう，デューイ（Dewey, 1933）は省察的（reflective）な問題解決過程を，次の5段階に分けている。(1) 問題事態の感知：ある未解決の問題に気づく，(2) 問題の把握：問題の性質を明らかにする，(3) 仮説構成：問題解決のための仮説を立てる，(4) 推理：その仮説を推理によって検討する，(5) 検証：その仮説の検討に基づき，解決法を実行に移す。なお，デューイは，これらの段階が固定的な順序で進むとは限らないとしている。

問題解決を邪魔する機能的固着　機能的固着とは，事物の特定の機能や問題の一つの側面にとらわれてしまい，ほかの機能や側面に気づきにくくなることをさす。ダンカー（Dunker, 1945）の「ろうそく問題」では，ろうそくやマッチなどが入った「箱」そのものをろうそく立てとして用いることが解決の鍵であるが，多くの人々は経験から「箱」を単なる容器としてしか見ず，問題を解くことができなかった。また，同じくルーチンス（Luchins, 1942）の「水がめ問題」では，一度ある解き方を見つけだすと，以後は無批判にその方法ばかりを使い続けるために，より適切な方法に気づかなくなることが多い。このように，機能的固着は，経験を積んで「慣れる」ことにより生じる。慣れは，私たちの認知や行動の負荷を小さくしてくれるが，時として負の効果をもたらす。こうした機能的固着から抜け出すためには，柔軟な創造的思考が要求される。

［三宮］

| 参考文献 | 森敏昭編著　2001『おもしろ思考のラボラトリー』北大路書房 |

問題 18 仮説形成と仮説評価にはどのような思考が含まれるか

仮説とは 心理学でいう**仮説**は，狭義には，事象の性質や事象間の関係についての命題が，科学的検証の可能なかたちで述べられたものをさす。たとえば，「教師がある生徒に期待することによって，その生徒の学習成績が上がる」（教師期待効果，別名ピグマリオン効果）といったものがこれに当たる。仮説の評価には実験などの実証的方法を用いる。しかし，より広義には，仮説は一連の事象を統一的に説明するための推測を意味する。たとえば，子どもが**概念形成**を行う際にも，仮説の形成と評価を行っている。動物園で数頭のキリンを見た子どもは，「キリンは首が長い」という仮説を立て，その次に出会うキリンもきっと首が長いだろうと予測する。そして，キリンを見るたびに，この仮説を評価することによって自分の知識をより確かなものにしていく。子どもに限らず大人も，初めて出会い事象や人についての仮説（たとえば「ラテン系の人は陽気だ」など）を形成する。その意味で私たちは，日常的に広義の仮説形成を行っている。

仮説形成に含まれる思考 仮説はどのようにして形成されるのだろうか。先ほどの教師期待効果について考えてみよう。注意深い教師ならば，自分の経験から思いつくかもしれない。「ある生徒は自分が期待をかけると，学習成績が上がった」「別の生徒もそうだった」「そしてまた別の生徒も…」というように，いくつかの事例から一般法則を抽出するという思考である。このような思考を**帰納**といい，帰納によって仮説を形成することを仮説帰納と呼ぶ。いっぽう，仮説を導く別の方法もある。教師期待効果を発表したローゼンサールら (Rosenthal, R. & Jacobson, L., 1968) の研究以前から，実験心理学における「期待」の効果が知られていた。たとえば，実験参加者がある期待をもって情報を処理した場合には，その期待に沿った知覚が成立することに加え，実験者のもつ期待が実験参加者の反応に影響を及ぼすこと（実験者期待効果）が広く知られていた。この「他者からの期待が本人の反応に影響する」という一般的な知

見から，「教師の期待が生徒の反応（としての学習成績）に影響する」という仮説を導くことができる。このような仮説の導き方を，他者からの期待の効果という一般法則を教授場面に特殊化したものと考えれば，演繹による仮説形成ととらえ得る。一般原則を特殊（個別）事例にあてはめて考えることを **演繹** といい，演繹による仮説形成を仮説演繹と呼ぶ。

　仮説評価に含まれる思考　仮説の評価には，主として帰納が用いられる。心理学の研究においては，できるだけ偏りのない多くのサンプルを集め，仮説評価を行う。しかし，現実には，まったく偏りのないサンプリングは困難であり，追実験や追調査で結果が逆転する可能性がなくなることはない。帰納法によってある仮説が真であることを証明することは厳密には不可能である。そこで，**科学的帰納法** では，「ある研究仮説が誤りである」ことをまず証明してみようとする。そして，その証明に失敗すること，つまり「ある仮説が誤りであるとはいえない」ことによって，結果的に仮説を支持するという間接的な方法をとる。統計的検定で用いられる帰無仮説（研究仮説とは逆の仮説）は，否定されることを期待して立てるものである。しかし，日常的に私たちが仮説を評価するときには，簡便法（**ヒューリスティックス**）として，仮説に合う事例を想起し，多くの事例が想起できた場合には，その仮説が正しいとする思考法をとることが多い。たとえば，「血液型がA型の生徒は，そうでない生徒より慎重である」という仮説を評価する場合，多くの教師は，自分の知っているA型の生徒を思い浮かべるだろう。「あの生徒は慎重だ，この生徒も慎重だ，…」という具合に列挙してみて，「やはりこの仮説は正しい」という結論に落ち着く場合が多い。しかし，この思考法には落とし穴がある。それは，ある仮説を評価する際にその仮説に合う証拠（正事例）を選択的に集めてしまい，仮説に合わない証拠（負事例）を無視する傾向があるという **確証バイアス** （confirmation bias）である。日常生活のなかで，ステレオタイプや偏見が形成・助長されるプロセスは，この確証バイアスによるところが大きい。　　　　　　［三宮］

| 参考文献 | 市川伸一編著　1996『認知心理学4　思考』東京大学出版会 |

問題 19 私たちが陥りやすい思考の誤りにはどのようなものがあるか

思考の誤りの典型　適切に考え判断するためには，陥りやすい「思考の誤りの典型」をよく理解しておくことが，誤りを防ぐ有効な手だてとなる。思考の誤りの典型を「不十分な情報からの判断」と「短絡的な原因推理」に分け，そのいくつかを紹介する。

不十分な情報からの判断　以下に示すように，判断材料となる情報が明らかに不十分であることに気づかないまま，誤った判断を下してしまうことがある。

(1) 少ないサンプルや偏ったサンプルからの過度の一般化：たとえば学校を訪問した際に，わずか数名の子どもたちの様子や例外的な学級の状況を見て学校全体を評価することがこれに当たる。同様に，実験や調査においても，少ないサンプルや偏ったサンプルから判断すれば，結果は歪んだものになりかねない。

(2) 平均値のみからの判断：ある集団の学力を判断する際に，平均値のみを用いるのは不十分であり，分布も併せて見る必要がある。なぜなら，集団の成績が平均値によって適切に代表されるとは限らず，ばらつきが大きかったり，少数の生徒の極端な成績が平均値に大きく影響していたり，二極化して二山構造になっている可能性があるためである。

(3) 割合のみからの判断：「高校3年のあるクラスの運動部員は100％志望校に合格した」と聞けば，運動部に所属する生徒はみな優秀だと判断しかねない。しかし，適切な判断のためには，実数を調べることは欠かせない。たとえばこの例では，たった二人の運動部員が，二人とも合格しただけかもしれない。

(4) 比較すべき条件の見落とし：小学2年生のクラスで算数の新しい教授法を試してみたところ，1カ月前と比べて同じ問題の正答率が大きく上昇したとする。ここから，「この教授法は効果的だ」と見なす人は少なくないだろう。しかし，この教授法を用いない条件と比較するまでは，判断を保留したほうが

よい。従来の教授法を適用した別のクラスでも，1カ月後に同じくらい正答率が上がっているかもしれない。つまり，教授法以外の要因が作用している可能性がある。この可能性を排除するためには，他の要因には差がなく教授法だけが異なる条件と比較する必要がある。

短絡的な原因推理　以下に示すように，短絡的に因果関係をとらえたために，誤った原因推理をしてしまうことがある。

(1) 時間的前後関係と因果関係の混同：あることのあとにたまたま何かが起こったために，前者が後者の原因であると思ってしまうことがある。部活のコーチが替わって部員がケガや病気に見舞われたならば，「コーチに問題がある」と思い込む人もいるだろう。その背景には，「コーチの交替」という目立つ要因へのとらわれという心理がはたらいている。なお，時間的前後関係は因果関係の必要条件ではあるが，十分条件ではない。

(2) 相関関係と因果関係の混同：相関は因果の必要条件であるが十分条件ではない。ある中学校で髪の長さと英語の成績に高い相関があったからといって，前者が後者の原因というわけではない。女子が男子より英語の成績がよかった，つまり，性別という隠れた要因が背景にあったのである。

(3) 通常の状態への回帰の見落とし　偶然とれたすばらしい成績は，次回には下がる可能性が高い。逆に，いつもとは違う悲惨な成績は，次には上がるだろうと期待できる。極端な結果は，再び通常の状態に戻る（**回帰**する）のである。しかし，ここで教師が前者の場合にはほめ，後者の場合には叱ったとすると，「成績は，ほめたら下がり叱ったら上がる」と誤った判断をしかねない。

(4) 循環的因果関係の見落とし　子どもが反抗的な態度をとると親はよく叱るようになり，親がよく叱ると子どもはよけいに反抗的な態度をとりがちになる。このような場合，反抗的だから叱るのか，叱るから反抗的になるのか，子どもと親のとらえ方は因果関係をめぐって真っ向から対立するかもしれない。しかし，こうした場合，実は原因と結果が循環しているのである。　　　［三宮］

| 参考文献 | ハフ, D.　高木秀玄訳　1968『統計でウソをつく法：数式を使わない統計学入門』講談社 |

問題20 創造的思考と批判的思考はどのように違うのか

創造的思考とは 新しくて価値のあるアイデアや事物などを考え出すことを**創造的思考**という。創造的思考力の高い人は，どのような人か。ギルフォード（Guilford, 1967）は，次のような知的特性をもつ人だと考えている。① 問題に対して敏感である（解決すべき問題に気づきやすい），② 思考が流暢である（どんどんアイデアを出せる），③ 思考が柔軟である，④ 思考が独創的である，⑤ 思考が緻密である，⑥ 問題を再定義する力がある。しかしながら，知的な特性だけでは十分ではない。創造性が実際に発揮されるためには，創造的な「態度」が必要である。ギルフォードは，創造性を発揮するための態度として，次のような態度特性をあげている。① 曖昧さに寛容である，② 冒険を好む，③ 自信が強い，④ 独創性を重視する，⑤ 変化を好む，⑥ 達成心が強い。

ギルフォードによれば，創造的な思考には，**拡散的思考**（発散的思考）と**収束的思考**が含まれる。拡散的思考は，わずかな手がかりから出発し，多種多様な答（アイデア）を生み出す思考である。いっぽう，収束的思考は，多くの手がかりから出発し，答を絞り込んでいく思考である。

拡散的思考を促進する方法としては，以下のものがよく知られている。

(1) ブレインストーミング法：はじめに一切批判せずにどんどんアイデアを出し合うことで発想を自由にする方法。オズボーン（Osborn, A. F.）が考案した。

(2) KJ法：アイデアを一つずつ小さな紙片に書き込み，これを何度もグループ化することで発想を体系化する方法。川喜多二郎氏が考案した。

(3) NM法：アナロジー（類推）によって一見無関係なものどうしを積極的に結びつけることで発想を独創的にする方法。中山正和氏が考案した。

批判的思考とは ゼックミスタとジョンソン（Zechmeister & Johnson, 1992）によれば，**批判的思考**（critical thinking）とは，適切な規準や根拠に基づく，

論理的で偏りのない思考をさす。「批判的」という語は，本来「ものごとを規準に照らして厳密に判断する」ことを意味し，否定したり非難したりすることではない。グレイサー（Glaser, 1985）は，批判的思考の構成要素を次の三つにまとめている。① 問題を注意深く観察し，じっくり考えようとする態度，② 論理的な探究法や推論の方法についての知識，③ それらの方法を適用するスキル。また，ダンジェロ（D'Angelo, 1971）は，批判的思考に優れた人の特性を次のように表している。① 知的好奇心を示す（いろいろな問題に関心をもち，答を探そうとする），② 客観的である（何かを決めるときには，感情や主観によらず，客観的に決めようとする），③ 開かれた心をもつ（いろいろな立場や考え方を考慮しようとする），④ 柔軟である（自分のやり方，考え方を自在に改めることができる），⑤ 知的懐疑心を示す（十分な証拠が出されるまでは，結論を保留する），⑥ 知的誠実さをもつ（自分と異なる意見であっても正しいものは正しいと認めることができる），⑦ 筋道立っている，⑧ 追求心がある（決着がつくまで考え抜いたり議論したりする），⑨ 決断力がある（証拠に基づいてきちんと結論を下すことができる），⑩ 他者の立場を尊重する。

なお，批判的思考のとらえ方については研究者の間でも相違があり，十分なコンセンサスが得られていないのが現状である（道田，2003）。

創造的思考と批判的思考の関係　創造的思考と批判的思考には，すでに述べたような違いがあるものの，両者は相反するものではない。本当の意味で創造的に考えるためには，アイデアを緻密に検討する（つまり批判的思考を働かせる）必要があるし，また，真に批判的に考えようとするならば，問題に対して多面的な見方をし，柔軟な姿勢で臨む（つまり創造的思考を働かせる）ことが要求されるからである。　　　　　　　　　　　　　　　　　　　　　　　［三宮］

参考文献
ゼックミスタ, E.B.・ジョンソン, J. E.　宮元博章・道田泰司・谷口高士・菊池聡訳　1996『クリティカルシンキング〈入門篇〉』北大路書房
森敏昭編著　2001『おもしろ思考のラボラトリー』北大路書房

問題21 類推と転移はどのように関係するのか

類推とは 類似性を手がかりとして，既知の領域の知識を未知の領域に当てはめて考えることを**類推**という。類推は，理解，説明，仮説形成などを助ける。たとえば，相手がカメラの構造についての知識をもっている場合に，簡単なカメラの構造を例にあげて目でものを見るしくみを説明し理解を促すことは類推を用いた例である。類推において，既知の領域を**ベース領域**（base domain），未知の領域を**ターゲット領域**（target domain），既知の領域の知識を未知の領域に当てはめることを**写像**（mapping）と呼ぶ。

類推はそもそも，ベース領域とターゲット領域の類似性に基づく推論である。ここでいう類似性を，チェン（Chen, 2002）は，**構造的な類似性**（問題解決の原理の類似性），**表面的な類似性**（問題解決の原理とは無関連な要素の類似性），**手続き的な類似性**（問題解決の原理を具体的な操作に変える手続きの類似性）に分けている。いうまでもなく，構造的な類似性が問題解決にとっては重要であるのだが，表面的な類似性や手続き的な類似性の影響が大きく，これらが低い場合には類推がはたらきにくいことを数々の実験が示している。類推は帰納的推論の一部と見なされることもあるが，論理よりもむしろ類似性を手がかりにしている点で，帰納とも演繹とも異なる。

類推による問題解決 類推による問題解決は，学習の**転移**（transfer）の表れである。ジックとホリオーク（Gick & Holyoak, 1980）は，ゲシュタルト心理学者であったダンカー（Duncker, K.）の作成した「放射線問題」と，この問題を解くためのヒントになる「要塞物語」を組み合わせて，類推の効果を調べた。これらの解法はともに，四方八方から送った小さな力を収束させて大きくし，標的をアタックするという構造をもつ。ターゲットとなる放射線問題を単独で提示した場合の正答率は，約10％であったが，構造的類似性をもつベースとなる要塞物語を，放射線問題の解決に関係があるというヒントとともに与えた

場合には約80％まで上昇した。類推の効果がいかに大きいかが理解できる。しかし，見逃せないのは，要塞の物語をただ読ませただけでヒントを与えなければ，正答率は約40％にとどまったという事実である。すなわち，一方は医療問題，他方は軍事問題という表面的な違いを越えて，二つの問題の構造的類似性を自力で見抜くのはむずかしいのである。このことは，明確に定義されていない問題（ill-defined problem）を前にしたときに，先行経験を生かせるようなかたちで新しい問題を定義することの困難さを示している。類推を促す学習者への教示法としては，ニーダムとベッグ（Needham & Begg, 1991）が参考になる。彼らは，ベースとなる物語に含まれる問題の解釈を「理解する」ように学習者を方向づけた場合の方が，物語を「覚える」ように方向づけた場合よりもターゲットとなる問題への転移量が大きくなることを見いだした。この知見から，教師による学習の方向づけの大切さがうかがえる。

教育がめざす学習の転移　教育がめざすべきは，学んだ知識を生徒たちがそのまま再生できることにとどまらず，学習場面とは異なる新たな状況や問題解決に直面した際に，生徒が既習の知識を応用して解決する力である。こうした学習の転移を促すには，まず，深いレベルでの知識獲得が必要である。知識獲得が生半可な状態であったり，ただ内容を暗記しているだけでは転移は期待できない。深いレベルでの知識獲得を可能にするには，教師の働きかけが重要な役割を果たす。教師はまず，事例から一般原理を学習者自身が抽出できるよう，豊富な具体例を用意することが望ましい。一般原理を教師の側から提示するだけでは，効果はあまり期待できない。次に，事例間の表面的な類似性よりも本質的・構造的な類似性に学習者の注意を向けさせるように習慣形成を図る必要がある。そして，学習者が**メタ認知**を働かせるように仕向けることが重要である。メタ認知によって，課題が何を要求しているのか，自分がどこまで理解しているのか，課題解決にはどのような方略が有効か，などを知ることが可能になるためである。　　　　　　　　　　　　　　　　　　　　　　　　　　　　［三宮］

| 参考文献 | 鈴木宏昭　1996『認知科学モノグラフ1　類似と思考』共立出版 |

問題 22　メタ認知は自己調整学習とどのように関係するのか

メタ認知とは　認知についての認知，つまり，自分自身や他者の行う認知活動そのものをもう1段上から認知することを**メタ認知**（metacognition）と呼ぶ。1970年代にメタ認知の概念が心理学に導入されて以来，学習におけるメタ認知の重要性がしだいに明らかにされてきた。メタ認知は，**メタ認知的知識**と**メタ認知的活動**（あるいはメタ認知的経験）に大きく分けることができる。

〈メタ認知的知識〉
(1) **人間の認知特性についての知識**
　①自分自身の認知特性についての知識：個人内での認知特性についての知識。たとえば，「私は英文解釈は得意だが英作文は苦手だ」など。
　②個人間の認知特性の比較に基づく知識：個人間の比較に基づく，認知的な傾向・特性についての知識。たとえば，「AさんはBさんより理解が早い」など。
　③一般的な認知特性についての知識：人間の認知についての一般的な知識。たとえば，「目標をもって学習したことは身につきやすい」など。
(2) **課題についての知識**　課題の性質が，私たちの認知活動に及ぼす影響についての知識。たとえば，「数字の桁数が増えるほど計算のミスが増える」など。
(3) **方略についての知識**　目的に応じた効果的な方略の使用についての知識。たとえば，「あることを相手に大ざっぱに把握してほしい場合と深く理解してほしい場合とでは，説明の仕方を変える必要がある」など。

〈メタ認知的活動〉
(1) **メタ認知的モニタリング**　認知についての気づきやフィーリング，予想・点検・評価などを行うこと。たとえば，「この課題なら，30分くらいで完了するだろう」など。
(2) **メタ認知的コントロール**　認知についての目標を立てたり，計画・修正したりすること。たとえば，「自分ひとりではいい考えが浮かびそうにないので，グループで話し合ってみよう」など。

自己調整学習とは　学習者自身が自らの学習を調整しながら能動的に学習目標の達成に向かう学習を，ジマーマン（Zimmerman, 1994）は**自己調整学習**

(self-regulated learning) と呼んでいる。彼は，自己調整過程の適用には6つの領域があると述べる。すなわち，学習動機，学習方法，学習時間，学習結果，学習の物理的環境，学習の社会的環境である。彼は，これらを学習者が調整することにより，効果的な学習が実現すると考えている。日常の学習場面を思い起こせば，こうした広い範囲での自己調整が必要となることがうなずける。

自己調整学習の考え方は，バンデューラ (Bandura, 1971) の観察学習および**自己効力**（self-efficacy）の概念に由来する部分が大きい。観察学習とは一般に，他者の行動を観察し，習慣や態度，行動などを学ぶことをさす。たとえば，生徒が教師や他の生徒の行動を見て学習の仕方を学ぶことは，その一例である。また，自己効力とは，課題を達成するための自分の能力に対する期待である。「自分は，この課題を達成できるだろう」という期待をもつことが努力を持続させ，課題達成によい影響を及ぼすのである。自己調整学習は，自己効力に支えられ，他者（場合によっては自分）の学習行動を観察しながら進められる。

自己調整学習の必須条件としてのメタ認知　自己調整学習には，メタ認知が不可欠である。なぜならば，学習者自身が自らの学習を効果的に調整しながら進めるためには，学習についての的確なメタ認知的知識（「私は説明を早とちりすることが多い」「学んだことを定着させるためには，復習が効果的だ」など）をもち，適切なメタ認知的活動（「私は今日の授業の内容を十分に理解できたか？」といったメタ認知的モニタリングや「友だちに説明することで自分の理解度をチェックしてみよう」といったメタ認知的コントロールなど）を行うことが欠かせないからである。

メタ認知を働かせることによって，自分の記憶や理解，判断，コミュニケーションなどの認知活動をチェックし，不適切な部分を改善して，望ましい方向に自ら軌道修正することが可能になる。　　　　　　　　　　　　［三宮］

参考文献
三宮真智子編著　2008『メタ認知：学習力を支える高次認知機能』北大路書房
ジマーマン，B. J.・シャンク，D. H.　塚野州一編訳　2006『自己調整学習の理論』北大路書房

問題23　知能は学力と関係があるのか

知能と学力の関係への関心　「うちの子は，頭はいいはずなのに成績が悪いのはなぜだろう」というように，頭のよさ（知能）と学業成績（学力）の関係について言及されることは少なくない。一般に，教師や保護者，そして学習者本人も，知能が学力を規定すると考えている場合が多い。両者の間には，本当にそのような関係があるのだろうか。この問題を考えるためには，まず，両者の定義を明確にしておく必要がある。

従来の知能と学力の定義　これまで，知能（intelligence）の定義にはさまざまなものがあったが，次の三つに大きく分かれる。① 抽象的思考力，② 学習能力，③ 適応力。③ には必然的に①②が含まれるという理由から，③ を用いることが多い。最初の知能検査は，1905年にフランスのビネー（Binnet, A.）とシモン（Simmon, T.）が開発したものであり，主として言語能力を調べる問題が中心であった。この知能検査を標準化し，1916年に改訂版を出したのは，アメリカのターマン（Tarman, L. M.）である（**スタンフォード・ビネー知能検査**）。知能検査で測定された精神年齢（MA）を生活年齢（CA）で割って100をかけるという知能指数（IQ）の概念はターマンが広めたものである。ある個人の知能が同一年齢集団の平均からどれくらいずれているかという相対的位置は，**知能偏差値**と呼ばれ，次の式で算出される。
（ある個人の得点 − 集団の平均点）X10／集団の標準偏差 + 50

いっぽう，学力（academic achievement）は従来，学習によって獲得された能力（学習の達成度）と見なされ，標準化されたテスト（標準学力検査）によって測定されてきた。よく用いられる**学力偏差値**とは，ある学習者の学力検査得点の，集団内での相対的な位置を示すものであり，次の式で算出される。
（ある個人の得点 − 集団の平均点）X10／集団の標準偏差 + 50

知能との関連で学力を診断するためには，「学力偏差値 − 知能偏差値」で算

出される成就値が用いられる。成就値がプラスの値をとる場合には知能に比べて学力が高いという意味でオーバーアチーバー，マイナスの値をとる場合には，その逆の意味でアンダーアチーバー（学業不振児）と呼ばれる。

　知能と学力の新しいとらえ方　最近の知能研究は新しい展開を見せている。ガードナー（Gardner, 1993）は**多重知能理論**を，スタンバーグ（Sternberg, 1986）は，**サクセスフル知能理論**を，さらにメイヤーら（Mayer, Caruso, & Salovey, 1999）は**感情の知能**を提唱し，従来の狭すぎた知能観に異議を唱えている（問題24参照）。個性や日常的問題解決力，感情のコントロールなどを重視する新しい知能観に立てば，従来の知能検査で測定されてきたものは，きわめて狭い範囲の限定的な知能であるということになる。あらかじめ正答が用意され，それに速く到達することに価値をおいてきたこれまでの学力観にも，おのずと問い直しが必要になる。『教育心理学ハンドブック』（日本教育心理学会編，2003）は，学力を「学校教育を通じて獲得・達成されたと考えられる知識・技能や思考力・判断力。意欲・関心・態度をも含める広義の立場もある」と定義している。とくにわが国では，OECD（経済協力開発機構）によるPISA（国際学習到達度調査）の結果から，学習における意欲，思考力，表現力，知識の活用力の低さが問題になっており，こうした力を伸ばすことが急務とされている。知能も学力も，ともに一義的に定義することが困難であり，また時代の要請を受けて変化する概念であるため，両者の関係を論じることは容易ではない。しかしながら，従来的な意味での知能が高いにもかかわらず，それが十分学業成績に反映されない場合には，メタ認知がうまく働いていない可能性がある。メタ認知を働かせて自己調整学習を行うことで，学業成績の向上が期待できる。たとえば，自分に適した学習目標を設定し学習計画を立てる，学習方略を効果的に用いる，自己動機づけを図る，感情状態を良好にする，学習環境を改善するなどである。　　　　　　　　　　　　　　　　　　［三宮］

| 参考文献 | ディアリ, I.J.　繁桝算男訳　2004『知能』岩波書店 |

問題 24　スタンバーグやガードナーの知能理論は教育にどのような示唆を与えるか

スタンバーグのサクセスフル知能理論　スタンバーグ（Sternberg, 1986）によれば，伝統的な知能研究で扱われてきたものは，いわゆる学校秀才的な知能，すなわち実生活では必ずしも発揮されない**不活性な知能**（inert intelligence）であるという。各人が人生の目標を達成するための知能を，彼は**サクセスフル知能**（successful intelligence）と呼び，次の3種類の知能をその3本柱とする。① **分析的知能**（ものごとの本質や状況を的確に分析し判断し，問題をきちんと把握する能力），② **創造的知能**（適応すべき課題や状況に直面したときに，独創的な着想で行動の指針を見いだし，問題を新たにとらえ直す能力），③ **実践的知能**（分析的知能や創造的知能を日常生活において具体的にどう活用していくかを判断し，その方法を見いだす能力）。これら3種類の知能がバランスよく働くことが重要だという。とりわけ実践的知能には，メタ認知が大きく関与すると考えられる。それは，自分の分析的知能や創造的知能を十分に把握し，どのような状況でどの知能を活用すべきかを知っていること，また，知能における自分の強みを生かし弱みを補う方法を理解していることなど，まさにメタ認知的要素が実践的知能の基礎となるからである。実践的知能が低い場合には，分析や創造などの潜在的な能力が現実場面で生かされにくい。

ガードナーの多重知能理論　ガードナー（Gardner, H.）は，知能を領域普遍的なものととらえることや認知的側面のみに限定することに，かねがね疑問を抱いていた。彼は，サヴァン症候群のような特異な才能を見せる発達障害児の事例観察や，失語症のような症例についての神経科学的な知見などから，知能をより多面的にとらえる必要性を痛感していた。ガードナー（1993）による**多重知能理論**（theory of multiple intelligence）では，**言語的知能，論理・数学的知能，音楽的知能，空間的知能，身体・運動的知能，対人的知能，個人内知能**（内省的知能，対自己知能）の7つの知能を想定し，1995年に8番目の知能とし

て博物学的知能を追加している（Gardner, 1999）。このなかで，対人知能と個人内知能はそれぞれ，他人の気持ちを理解し適切な対応がとれる知能，自分の感情や行動をコントロールできる知能を意味し，これらはメタ認知と深くかかわっている。

教育への示唆　スタンバーグとガードナーの共通点は，知能をより実践的，多面的にとらえるべきだとする次のような考えである：学校では，知能は通常，言語的・数学的推論能力のテストによって定義し評価されるが，この概念化は非常に限定的である。現実世界では，知能はテストでよい成績をおさめることよりもはるかに多くのものを意味する。つまり，自分自身を理解し，自分を幸せにする方法を知っており，他者とうまく折り合い，現実世界の問題を解決する方法を知っていることを含む。

PIFS プロジェクト　こうした考えを基にして始められたものが，PIFS プロジェクトである。ウィリアムズらは，アメリカのミドルスクールの生徒に対して，**学校に必要な実践的知能**（practical intelligence for school: PIFS）を高める教育介入を行った（Williams ら，1996）。ここで取り上げた PIFS は，宿題をする，テストを受ける，文章を読む・書くといったことを適切に行う能力である。PIFS プロジェクトでは教科学習とは異なり，間接的なかたちで学びを支援する。すなわち，宿題やテストも含めてある学習活動が，なぜ必要なのか，自分にとってどのような意味をもつのか，学んだことが日常生活や将来にどうつながるのか，といった学校での学習に共通した問いを考えさせ，仲間との意見交換や教師のガイドによって，次第に本質的な答へと導いていく。問いに対する答をともに探し，学ぶ意義や学習活動の効果を十分に理解させることができれば，生徒たちの学習への取り組みやその成果は，明確なかたちで現れてくるに違いない。PIFS プロジェクトの成功は，こうした期待に裏づけを与えてる結果となった。

［三宮］

参考文献　三宮真智子編著　2008『メタ認知：学習力を支える高次認知機能』北大路書房

第4章　学習にかかわる感情と動機づけ

問題 25　動機づけとは何か

　動機づけ（motivation）とは，簡単にいうならば「やる気」にかかわる心理現象のことである。ただ，日常用語である「やる気」に比べると動機づけという言葉は，より広範な現象を扱う専門用語として「行為が生起し，維持され，方向づけられる過程」と定義されている。

　動機づけには，活動時間や集中度などの量的な側面（強度：intensity）と行動生起の方向性（direction）としての質的な側面がある。大学の授業に対する試験勉強を例として考えてみよう。ノートを見直したり，資料を整理したり，図書館に行って関連文献を読んだりといった多様な活動が「試験勉強」に含まれているに違いない。たとえば，それらの行為がどのくらい長い時間継続するかが量的な側面である。いっぽう，試験勉強へのアプローチとして，関連文献や資料に幅広く目を通そうとする人もいるだろうし，過去の出題を参考にノートだけを見直す人もいるだろう。このように，どのような方向で行為が起こるかという点が質的な側面である。

　動機づけの4要因　行為は，なぜ，どのように起こるのだろうか。動機づけ研究では行為が生起する心理的メカニズムと条件について，4つの要因，すなわち，認知（cognition），感情（emotion），欲求（need），環境（environment）とそれらの相互関係によって明らかにしようとしている。動機づけは，これらの4要因が互いに影響を及ぼしあうことによって生じる現象なのである。

　認知とは「当人の主観的な解釈」をさし，その認知のあり方が動機づけを規定する（たとえば，「この授業の内容は将来役立つ」という認知が熱心に試験勉強に取り組む意欲を高める）。私たちが体験する多様な感情も動機づけの質や量に影響を及ぼす。たとえば，「この授業の単位を落としたら卒業できないかもしれない」という不安が試験勉強に駆り立てたり，資料を読んでいるうちに興味が

高まり試験勉強の時間が結果的に長くなってしまったりということがあるだろう。また，欲求とは「人を行動に駆り立てて，その行動を方向づけるような比較的安定した心理的エネルギー」のことをさす。生存に不可欠な生理的欲求（たとえば，食欲）はもちろん，環境に適応するために不可欠とされる心理的欲求（たとえば，「できること」「わかること」などを求める有能さへの欲求）の充足も学習のような達成にかかわる動機づけの要因として重要視されている。

　以上の認知，感情，欲求が個人内の要因であるのに対し，環境も当人の動機づけに影響を及ぼすことは自明であろう。たとえば，自分の答えが正しいのかまちがっているのか，まちがっているならばどこが課題であるのかというようなフィードバックが明確に与えられないような教室環境は，当人の有能さへの欲求を満たすことにならず，学習者の動機づけを低めることがが予測される。

　動機づけの3水準　動機づけは少なくとも三つのレベル（状況意欲，文脈意欲，パーソナリティ意欲）で把握することができる。状況意欲とは，刻一刻と変化するようなうつろいやすい意欲の状態（たとえば，50分間の授業中における波のように変動する意欲），文脈意欲とは，ある特定の活動内容や領域に対応した意欲の状態（たとえば，「体育」「合唱」に対する意欲），パーソナリティ意欲とは，生活全般に影響を及ぼすその人固有の統合的な意欲のあり方（たとえば，○○さんらしい何事にも積極的な意欲）をそれぞれさす。動機づけは，これらの3水準から成る個性的な意欲の構造を背景としつつ，場（フィールド）とのかかわりのなかでダイナミックに立ち現れてくる心理現象として理解すべきなのだといえよう。　　　　　　　　　　　　　　　　　　　　　　　　　［鹿毛］

参考文献	鹿毛雅治　2004「「動機づけ研究」へのいざない」　上淵寿編著『動機づけ研究の最前線』北大路書房

問題26 欲求と動機づけはどのように関係するのか

欲求とは 私たちの行為は，自己の内部に深く埋め込まれている多種多様な欲求（need：個人の内側からせきたてられるような力）に基づいて生じている。欲求とは「行動を活性化し方向づける動機づけの内的な原因」であり，生体を維持するために不可欠な生理的欲求と，生理的な過程に直接依存しないが当人の環境への適応や心理的健康を大きく左右する心理的欲求とに大別される。

欲求階層説 欲求論を基盤とした動機づけ理論として最も著名な理論の一つは，マズロー（Maslow, A. H.）によって提唱された欲求階層説（図4-1）であろう。生理的欲求と心理的欲求の種類を区別し，それらを階層構造として位置づけ，低次の欲求が満たされてはじめてそれよりも一つ高次の欲求が機能するというメカニズムを想定するとともに，自己実現を最高次元の欲求として位置づけた。

コンピテンス ホワイト（White, R.W.）は，環境とかかわりながら成長を指向する生来的な欲求（コンピテンスへの欲求：need for competence）を満たすような動機づけをイフェクタンス動機づけ（effectance motivation）と呼び，この欲求が満たされた際の感情（環境との効果的なかかわりあいがもたらす快い情動体験）を効力感（feeling of efficacy）と名づけた。生命体，とりわけ高等動物はコンピテンスに基づいて環境とかかわりながら知識や技能を獲得し，そのことによってコンピテンスをさらに高めていくという心理学的なメカニズムを備えていて，それは同時に，生命体が環境に適応することを支えるような生物学的，進化論的な働きなのだと主張

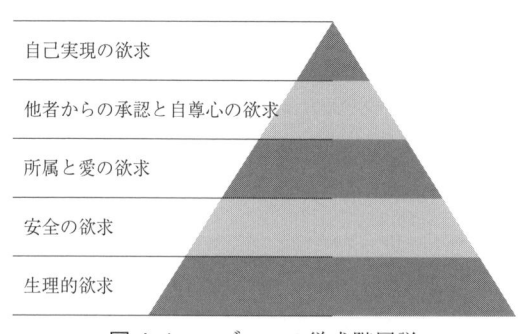

図4-1 マズローの欲求階層説

（ピラミッド上から）
自己実現の欲求
他者からの承認と自尊心の欲求
所属と愛の欲求
安全の欲求
生理的欲求

動機づけのタイプ	非動機づけ	外発的動機づけ				内発的動機づけ
調整のタイプ	無調整	外的調整	取り入れ的調整	同一化的調整	統合的調整	内発的調整
行動の質	非自己決定的 ←――――――――――――――――→ 自己決定的					

図4-2 自己決定性の連続体としての動機づけと調整

した。以上のコンピテンス概念は，内発的動機づけ（intrinsic motivation: 学ぶことそれ自体が目的で行為が起こるという現象）の基盤として位置づけられている。

自己決定理論 ディシ（Deci, E. L.）とライアン（Ryan, R. M.）は，彼らの提唱する自己決定理論のなかで，三つの心理的欲求，すなわち，(1) コンピテンスへの欲求，(2) 自律性（autonomy）への欲求（行為を自ら起こそうとする傾向性），(3) 関係性（relatedness）への欲求（他者やコミュニティと関わろうとする傾向性）を仮定し，これらが成長と人格の統合に向けての生得的な傾向性であると主張した。また，三つの欲求が同時に満たされるような条件のもとで，人は意欲的になり，パーソナリティが統合的に発達する一方，これらの欲求が満たされないと意欲や心理的な健康が損なわれることが強調されている。

彼らは内発的動機づけの重要性を主張すると同時に，外発的動機づけ（extrinsic motivation: 手段として行為が起こるという現象）が非自己決定的なものから自己決定的（自律的）なものへと移行していくプロセス（外発的動機づけの内在化）について理論化した（図4-2参照）。すなわち，外発的動機づけは，非動機づけ（動機づけられていない状態）から行為が生起した現象であるが，より自己決定化（自ら進んで行うようになること）するにしたがって，外的調整（賞や罰によって動機づけられている状態）から取り入れ的調整（不安や恥といった内的状態によって動機づけられている状態），同一化的調整（行為に意義を感じて動機づけられている状態），統合的調整（ある行為がほかの欲求や目標と整合的に調和して動機づけられている状態）へと変化していく。　　　　　　　　　　［鹿毛］

参考文献	デシ, E. L. 1980『内発的動機づけ』誠信書房

問題 27　学習意欲と感情にはどのような関係があるのか

感情と動機づけ　私たちは，さまざまな場面で「うれしい」「悲しい」「悔しい」「恥ずかしい」といった感情を体験しながら生活している。このような感情が私たちの動機づけに影響を及ぼしていることは容易に想像できるだろう。たとえば，うれしい気持ちは活動的にさせるだろうし，恥ずかしい気持ちは活動を躊躇させるというように，感情は私たちの行動を大きく規定する。

感情の働き　恐怖を感じるような状況に直面すれば，その場を逃げ出したくなるというように，感情は行為を引き起こす原因になるだけではなく，失敗した結果，悔しいという気持ちがバネになって次回への意欲につながるというように，感情は過去の行為に対する結果として生じ，次の行為を規定する。また，楽しい体験それ自体がその行為を継続させるというように，感情は現在進行形の行為のあり方にも強い影響を及ぼす。感情とは，行為の原因，結果であるとともに行為を推進する働きをもつ現象なのである。

達成関連感情　これまでの動機づけ研究において感情の基本的な次元として位置づけられてきたのは快-不快であろう。快の体験は接近行動を，不快は回避行動をそれぞれ動機づけるとされてきた。

とりわけ学習意欲と密接に関係している感情は達成関連感情（達成行動や達成の結果に関わる感情）であろう。ペクラン（Pekrun, R）らによれば，達成関連感情は，快-不快に加え，活性化-不活性化，結果関連-活動関連の三次元で整理することができるという（表4-1参照）。たとえば，入試に合格するなど，目標が達成されると，結果関連感情である喜びや誇りといった感情を体験する。また，何かを調べている最中に楽しみを感じたり，講義の途中で退屈したりというように活動関連感情を私たちは体験しているのである。

興味とフロー　学習活動を生起させたり方向づけていく感情として興味をあげることができよう。興味とは，ある特定の対象に注意を向け，それに対して

表4-1 達成関連感情

	快		不快	
焦　点	活性化	不活性化	活性化	不活性化
活　動	楽しさ	リラックス	怒り フラストレーション	退屈
結　果	喜び 希望 誇り 感謝	安らぎ 安堵	不安 恥 怒り	悲しみ 落胆 絶望

積極的に関与しようとする心理状態をさす用語である。興味は、特性興味（個人特性としての興味）と状況興味（活性化した心理状態としての興味）の二つのレベルに大別されるが、とりわけ学習に関連する感情として注目すべきなのは状況興味である。状況興味とは、楽しみ（pleasure）と集中（concentration）の感覚を伴いつつ、さしたる努力を必要とせずに持続的で焦点の定まった注意が注がれる心理状態のことをさす。

　また、活動に没頭している際に体験する独特な心理状態として「フロー」（flow）をあげることができる。たとえば、時を忘れて読書しているときや、神経を集中させてスポーツしているときにわれわれが体験するように、フローとは、自然に気分が集中し努力感を伴わずに活動に没頭できるというような、目標と現実とが調和した心理状態であり、その際、活動はなめらかに進行して効率的であるばかりでなく、当人の能力を伸ばす方向に向けて行為が発展していくような心理状態をさす。フロー理論を提唱しているチクセントミハイ（Csikszentmihalyi, M.）は、技能レベルと挑戦レベルのマッチングによってフローが生じ、フロー体験を維持することで学習が促進されると主張している。

［鹿毛］

参考文献	M. チクセントミハイ　今村浩明訳　1996『フロー体験　喜びの現象学』世界思想社

問題 28　目標と動機づけはどのように関係するのか

目標理論とは　「試験に合格する」という目標があるから勉強するというように，私たちのやる気は目標と密接な関連がある。目標とは，個人がその達成に向けて努力する事柄を意味する用語であり，目標理論とは，人間を多種多様な目標をもち，それらの達成を志向するシステムとして位置づけることによって動機づけを解明しようとする研究アプローチの総称である。

目標内容と目標プロセス　フォード（Ford, M. E.）によれば，目標理論は「目標内容」と「目標プロセス」という二側面によって構成されているという。目標内容とは「なぜそれをしようとするのか」を尋ねることによって得られるような「したいこと」「達成しようとしていること」や，さらには「特定の目標をめざして行為した結果得られること」をさす。いっぽう，目標プロセスとは，目標の設定や方向づけなど，目標が行為へと結びついていく動機づけ機能をさす。

目標の階層性　カーバー（Carver, C.S.）らによれば，目標は階層構造を成しており，抽象度の違いによって上位のものから順に BE ゴール（「かくありたい自己」を示す目標），DO ゴール（具体的な行為を指示する目標），動作制御ゴール（具体的な動作をコントロールするための目標）の三つに大別される（図4-3）。たとえば，理想的な自己像の一つとして「尊敬される人間になる」という BE ゴールを達成する手段として，「職場のゴシップにはかかわらない」という DO ゴールがあって，さらにその手段として「ゴシップを聞かないためにそっと職場を歩く」「自分のオフィスのドアを閉める」という動作制御ゴールがある。このように，より高次の目標の実現をめざして下位の目標が選択されると同時に，行為の過程や結果がモニターされ，その情報が各目標次元に同時にフィードバックされるというシステムを想定することで目標プロセスを説明している。

目標志向性　達成行動に従事する目的をマスタリー目標（mastery goal），すなわち，課題の熟達，技能の習得，理解など学習そのものに焦点が当てられて

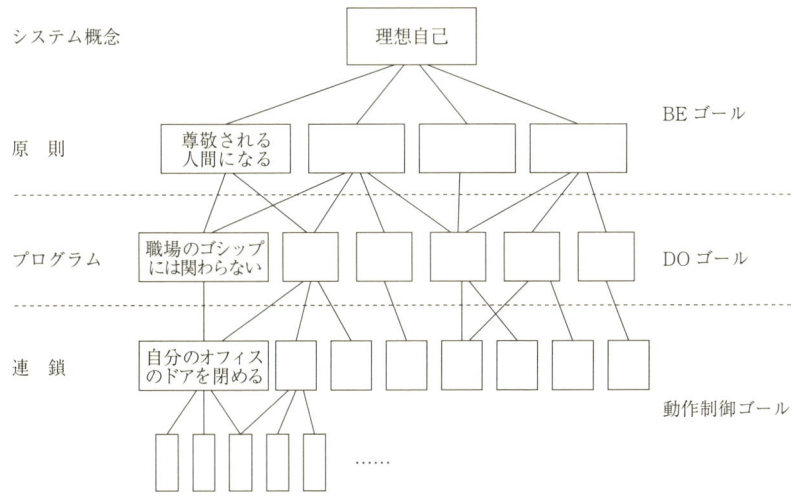

第4章 学習にかかわる感情と動機づけ

図4-3 目標の階層構造（Carver & Scheier, 1998を一部改変）

システム概念：理想自己
原則：尊敬される人間になる — BEゴール
プログラム：職場のゴシップには関わらない — DOゴール
連鎖：自分のオフィスのドアを閉める — 動作制御ゴール

いる目標と，パフォーマンス目標（performance goal），すなわち，自己の能力を呈示すること（自分の能力が他者からのように判断されるか）に焦点が当てられている目標の二つに大別し，上述の目標プロセスを明らかにしようとする研究アプローチが注目されている。マスタリー目標が自己効力，自尊心，内発的動機づけ，自己制御的学習方略などと正の関連があり，適応的な学習を促す傾向が見いだされているのに対し，パフォーマンス目標の効果については必ずしも一貫した研究知見が得られていなかった。そこで，近年，エリオット（Elliot, A. J.）を中心に，成功接近-失敗回避という次元を導入し，パフォーマンス目標をさらに二分することによって，研究知見を整理する試みがなされてきた。この区別を用いて研究知見を整理した結果，とくにパフォーマンス回避目標が内発的動機づけを低下させるなど，動機づけや学習成果などに対して負の関連があることなどがわかってきた。　　　　　　　　　　　　　　　　　　[鹿毛]

参考文献　上淵寿　2004「達成目標理論の最近の展開」上淵寿編著『動機づけ研究の最前線』北大路書房

問題29 なぜ自信がやる気を高めるのか

期待とは何か　一般に，私たちは可能性がないと信じていることに対してやる気が起きない。たとえば，「1キロなんてとても泳げない」と思っていれば，最初から努力などしないだろう。「もしかしたら1キロ泳ぎきることができるかもしれない」という見通しや自信が少しでもあるからこそ，チャレンジするのである。このように「成功に関する信念」は動機づけを規定する。「成功する見込みがあると思えばやる」し「成功する見込みがないと思えばやらない」のである。このような「主観的な成功可能性」は，平たく表現すれば「できると思うこと」つまり「自信」であり，このような信念を期待（expectancy）と呼ぶ。

2種類の期待　バンデューラ（Bandura, A.）は，この期待を結果期待（outcome expectation）と効力期待（efficacy expectation）とに区別した。結果期待とは，ある行動が特定の結果を生じさせるであろうという予測，すなわち，随伴性認知（たとえば，「ラジオの英会話番組を聴き続ければ，必ず英会話力が身につくだろう／聴きつづけてもダメだろうという予測」）のことをさす。いっぽう，一連の行動を効果的に遂行できるかという観点からみた自分の実行能力に関する主観的な判断（たとえば，「毎日，ラジオの英会話番組を聴きつづけることができる／できないという判断」）を効力期待（セルフ・エフィカシー）と呼んだ。ラジオで英会話を学ぼうとする意欲は，「ラジオ番組を聴き続ければ英会話力が身につくだろう」という結果期待と「毎日，ラジオの英会話番組を聴きつづけることができる」という効力期待に基づいて生じると考えられるのである。

セルフ・エフィカシー　効力期待，すなわちセルフ・エフィカシーとは，「○○という行為ができるという見通し（自信）」のことだといえるだろう。人はこのような自信が強ければ強いほど，努力する。たとえば，「毎日，ラジオの英会話番組を聴きつづけることができる」という自信のある人ほど，実際に

聴きつづけようとするというのである。セルフ・エフィカシーは以下の4つの情報源，すなわち① 行為的情報（最も強力な情報源：セルフ・エフィカシーは，実際に課題を遂行することをとおして成功体験をすると高まる一方で，失敗体験によって低まる），② 代理的情報（セルフ・エフィカシーは他者による課題の遂行を観察することによって変化する），③ 言語的説得の情報（セルフ・エフィカシーは他者からの言葉による説得や自己暗示などに影響される），④ 情動的喚起の情報（セルフ・エフィカシーは，ドキドキする，不安になるというような身体的，生理的反応の知覚に影響される）に基づいて変化するという。

学習性無力感　結果期待に関連した研究として，セリグマン（Seligman, M. E. P.）らは，イヌを三群に分けて次のような動物実験を行った。まず，イヌを動けないように固定して電気ショックを予告なしに与えるのだが，第1のグループは鼻先にあるボタンを押すと電気ショックを止めることのできる「逃避可能群」で，第2のグループは，何をしてもショックを回避できない「逃避不可能群」であった。第3のグループは，このような訓練を受けない「統制群」である。次に，柵を境に二つの部屋に分けられている実験箱にこれらのイヌを入れ，再び電気ショックを与えるのだが，今度は前と異なり「信号」（ショックに先立って明かりが暗くなる）が与えられる。したがって，その信号を見て，柵を飛び越えれば，電気ショックが避けられるようになっていた。実験の結果，逃れることのできない電気ショックをあらかじめ与えられていた「逃避不可能群」のイヌは，「逃避可能群」や「統制群」のイヌに比べ，信号が与えられても逃げることをすぐにあきらめ，電気ショックにじっと耐えていたという。これは，いくら自分が行動しても望む結果が得られないというような体験の積み重ねによって「どうせ行動しても無駄だ」という非随伴性認知を学習してしまうために無力感に陥ってしまうことを示唆している。このように体験をとおして無気力を学習してしまう（自信を喪失してしまう）現象を学習性無力感という。　　　　　　　　　　　　　　　　　　　　　　　　　　　［鹿毛］

参考文献	坂野雄二・前田基成編著　2002『セルフ・エフィカシーの臨床心理学』北大路書房

問題30 成功と失敗は動機づけと感情にどのような影響を与えるか

成功・失敗と原因帰属 成功すればうれしいし，失敗すれば悔しい。このように成功と失敗は感情を左右し，その後のやる気に影響を及ぼす。原因帰属理論は，このような動機づけのプロセスを説明している。

原因帰属とは，人が「なぜ？」を問い，その結果，「〇〇が原因だ」と推測，判断する思考プロセスをさす。たとえば，「テストの点が悪かったのは，前の晩に遅くまでテレビを観てしまったからだ」というように，人は成功や失敗の理由について，つい思いをめぐらせてしまうものである。とりわけ，社会的な達成状況（テスト場面など）における成功・失敗に関する原因帰属は，動機づけ研究における重要な着眼点として位置づけられてきた。

原因分類の三次元 原因帰属を動機づけ理論として積極的に位置づけようとしたのがWeiner, Bである。彼の理論では，原因を三つの次元，すなわち，位置（locus）の次元（個人内の原因か個人外の原因か），安定性（stability）の次元（時間的に安定している原因か不安定な原因か），統制可能性（controllability）の次元（コントロール可能な原因か，コントロール不可能な原因か）によって構造的にとらえ（表4-2参照），人が達成行動の成功や失敗の原因をどのように認知するかによって，のちの行動に対する期待や喚起される感情（とりわけ，達成感連感情）が変わり，この期待と感情を媒介として，のちの行動が決まるとした。

原因帰属の影響プロセス テストで成功あるいは失敗した場合に，その原因

表4-2 三次元による帰属因の分類

	統制可能		統制不可能	
	安　定	不安定	安　定	不安定
内　的	ふだんの努力	一時的な努力	能　力	気　分
外　的	教師の偏見	他者の日常的でない努力	課題の困難度	運

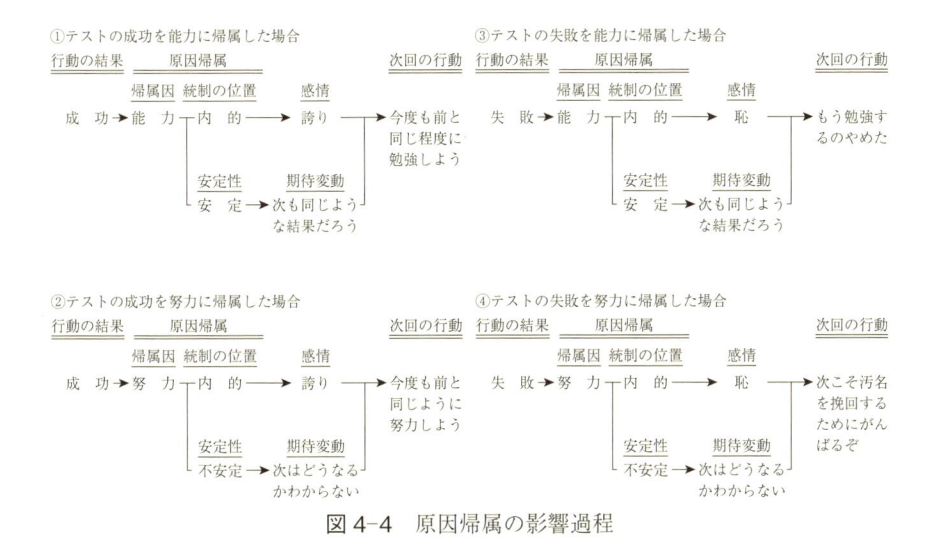

第4章　学習にかかわる感情と動機づけ

①テストの成功を能力に帰属した場合

行動の結果　原因帰属　　　　　　　　　　次回の行動
　　　　　帰属因　統制の位置　感情
成　功→能　力┬内　的────→誇　り──→今度も前と
　　　　　　　│　　　　　　　　　　　　　同じ程度に
　　　　　　　│安定性　　期待変動　　　　勉強しよう
　　　　　　　└安　定──→次も同じよう
　　　　　　　　　　　　　な結果だろう

③テストの失敗を能力に帰属した場合

行動の結果　原因帰属　　　　　　　　　　次回の行動
　　　　　帰属因　統制の位置　感情
失　敗→能　力┬内　的────→恥────→もう勉強す
　　　　　　　│　　　　　　　　　　　　　るのやめた
　　　　　　　│安定性　　期待変動
　　　　　　　└安　定──→次も同じよう
　　　　　　　　　　　　　な結果だろう

②テストの成功を努力に帰属した場合

行動の結果　原因帰属　　　　　　　　　　次回の行動
　　　　　帰属因　統制の位置　感情
成　功→努　力┬内　的────→誇　り──→今度も前と
　　　　　　　│　　　　　　　　　　　　　同じように
　　　　　　　│安定性　　期待変動　　　　努力しよう
　　　　　　　└不安定──→次はどうなる
　　　　　　　　　　　　　かわからない

④テストの失敗を努力に帰属した場合

行動の結果　原因帰属　　　　　　　　　　次回の行動
　　　　　帰属因　統制の位置　感情
失　敗→努　力┬内　的────→恥────→次こそ汚名
　　　　　　　│　　　　　　　　　　　　　を挽回する
　　　　　　　│安定性　　期待変動　　　　ためにがん
　　　　　　　└不安定──→次はどうなる　ばるぞ
　　　　　　　　　　　　　かわからない

図4-4　原因帰属の影響過程

を能力，あるいは努力にそれぞれ帰属した場合を考えてみよう（図4-4参照）。例えば，「テストの点が悪かったのはボクの頭が悪いからだ」というように，失敗を能力に帰属した場合（図4-4の③），自分が原因で失敗した（位置が内的）ということから「恥」を感じる一方で，「能力」は時間的に安定している要因なので，主観的成功確率（期待）については今回の結果に規定され「次も同じように悪い点だろう」と推論される。これらの認知過程の結果，「もう勉強するのをやめた」とサジを投げてしまうのである。いっぽう，「テストの点が悪かったのは努力が足りなかったからだ」というように，同じ失敗でも努力に原因を帰属すると（図4-4の④），「努力」が時間的に不安定な要因であるので，「次はどうなるかわからない」と認知され，「恥」が逆にバネとなって「次は汚名を返上するぞ」と奮起する。

このように，原因帰属理論では感情が認知的判断の結果として生じる変数として位置づけられ，動機づけに影響を与えると考えられている。　　　［鹿毛］

参考文献	蘭千壽・外山みどり編　1991『帰属過程の心理学』ナカニシヤ出版

問題 31　どのような教育環境が学習意欲を育むのか

意欲の高め方はあるのか　どうしたら意欲を高めることができるのかという問いには，教師のみならず親や上司など，多くの人が直面しているに違いない。しかし，残念ながら誰に対しても，またどんな課題に対しても通用するような万能薬的な答えがあるわけではない。問題 25 に記されているように，意欲にかかわる複数の要因や水準があるうえ，その生起メカニズムは決して単純なものではなく，しかも個人差があるからだ。われわれに求められているのは，意欲という現象の複雑さを理解しつつ，学習者や課題，場の特質などの個別の事情をふまえながら，環境や実践を柔軟にデザインしていくことであろう。

心理的欲求を満たす環境とかかわり　動機づけの教育心理学は，教育環境をデザインしたり，教育活動を展開したりする際に参考にすべき有益な視点を提供している。たとえば，コネル（Connell, J. P.）らによるモデルでは，特定の文化に組み込まれた社会的文脈と三つの心理的欲求（コンピテンス，自律，関係への欲求）との相互作用によって自己が発達していくという前提のもとで，これらの欲求を満たすための社会的文脈について検討する観点として，構造（structure），自律性支援（autonomy support），関与（involvement）の三つをあげている。ここでいう「構造」とは「環境が提供する情報の量と質，明解さ」であり，混沌とした無秩序な状況ではなく，当人にとって意味のある情報が整理されて提示されるような構造化された環境によって「コンピテンスへの欲求」が満たされる。「自律性支援」とは「選択の機会の提供」であり，強制されるのではなく当人の意思が尊重されるような環境によって「自律への欲求」が満たされる。関与とは，「当人に対する知識，関心，情緒的なサポートの程度」であり，敵対するのではなく，思いやりをもって受容されるような環境によって「関係への欲求」が満たされる。これら三つの欲求が同時に満たされるような社会的文脈によって，課題に従事したり問題に対処したりするような積

表4-3 TARGETモデルに基づいた動機づけの原理（Maehr & Midgley, 1991を一部改変）

TARGET領域	焦点化すべき点（下線部）とめざすべき点（□）	方略（■）
課題 (Task) 学習活動のデザイン	学習の内発的価値 □外発的誘因への依存を低減させる □すべての生徒を対象としたプログラムを立案する □目標や目的において「学習」を強調する □学習の楽しさを強調する	■生徒の背景や経験を利用したプログラムを開発する ■参加，成績，達成に対する報酬提供を避ける ■目標設定，自己制御を強調するプログラムを開発する ■学校外での状況（インターンシップなど）で学校の学習を利用できるようなプログラムを開発する
権限 (Authority) 学習者への権限の配分	学習や学校にかかわる決定への生徒の参加 □責任，独立，リーダーシップのスキルを発達させる機会を提供する □自己制御スキルを発達させる	■教育場面で最適な選択機会を提供する ■カリキュラム複合的，あるいは教科外活動の場へ参加することを促進する ■自己制御のためのメタ認知的方略を学習する機会を設ける
承認 (Recognition) インセンティブの提供	学校場面における承認・報酬の性質と利用 □すべての生徒が承認される機会を提供する □目標達成における進歩を認める □多様な学習活動における努力を認める	■「自己ベスト」に対する報酬を提供する ■すべての生徒と彼らの達成が承認されうるという教育方針を確立する ■生徒による広範な学校関連の活動を承認し公表する
グループ (Grouping) 協同的な活動の提供	生徒間の相互交渉，社会的スキル，社会的価値 □すべての生徒が受容，理解される環境を構築する □社会的相互交渉の範囲を拡大する（とくに，危機をかかえる生徒に対して） □社会的スキルの発達を促進する □「思いやり」という価値を奨励する □全員が自分自身を意味のある貢献ができる存在とみなせるような環境を構築する	■グループでの学習，問題解決，意思決定の機会を提供する ■生徒同士の相互交渉が起こる機会と時間を許容する ■有意義な相互交渉が生じうるサブグループ（チームなど）が発展するように促す ■複数のグループのメンバーになることを奨励する（仲間同士による相互交渉の幅を拡大するため）
評価 (Evaluation) 学習のモニターとアセスメントの方法	評価とアセスメント手続きの性質と利用 □生徒の有能さと自己効力の感覚を増大させる □技能と理解の進歩に生徒自身が気づくようにする □自分がユニークな才能をもっているという生徒の認識を促進する □失敗を学習や生活の自然な一部として生徒が受け入れるようにする	■集団準拠評価（成績，テスト得点など）を最低限にすることによって社会的比較の機会を低減させる ■学習成果を改善するような機会を生徒に与えるような教育方針と方法を確立する ■自分が設定した目標に向けての進歩を生徒自身がアセスメントできるような機会を創出する
時間 (Time) 学習のスケジュールに関するデザイン	計画を実行し目標に到達するための時間管理 □課題が完了する割合を改善する □計画と系統だった方法に関するスキルを改善する □自己管理の能力を改善する □スケジュールを決定するための学習課題，生徒の要求を許容する	■目標設定の経験，目標達成のための計画遂行における進捗状況をモニターする機会を提供する ■時間管理のスキルを発達させる機会を提供する ■可能なときはいつでも生徒が自分のペースで進行することを許容する ■学習計画を柔軟に立てることを励ます

極的な行為が生じ，ひいては社会的，認知的，人格的な発達が促されるという。

　TARGET構造　エプシュタイン（Epstein, J.）やメアー（Maehr, M. L.）らは，教育環境を6つの構造のトータルな組み合わせとしてとらえ，学習の動機づけに関するこれまでの研究知見を統合的に整理した（表4-3）。この考え方は，各構造の名称の頭文字をとってTARGET構造と呼ばれ，学ぶ意欲を育むための教育環境を教師や学校がデザインする際の参考になりうる。　　　　［鹿毛］

| 参考文献 | 中谷素之編著　2007『学ぶ意欲を育てる人間関係づくり』金子書房 |

第5章　授業と学級集団

問題 32　個に応じた指導の考え方と方法にはどのようなものがあるか

　個に応じた指導の意義　「個に応じた指導」は，従来より「個別指導」と呼ばれ，一人の学習者に対して行う指導をさす用語として用いられてきた。しかし最近では，「個を生かす」指導が重視されるようになってきた。「個」とは「個人」をさす。個を理解するには，一人ひとり，個人によってどのような違いがあるかを知る必要がある。これまで心理学では，このことを「個人差」と呼び，研究が進められてきた。

　個人差は，**個人内差異**と**個人間差異**に分けて考えることができる。個人内差異は一人の子どものなかでの差異を示す。たとえば，教科の得意・不得意がある。算数は得意だが体育は嫌いという場合である。他方，個人間差異は個人と個人との差異に着目する。たとえば，算数のテストを行った結果，ある子どもは高得点だが，別の子どもは0点の場合である。また，個人差には遺伝に支配される恒常的なものと環境により変容可能な半恒常的なものがある。

　このように，個人差を個人内差異と個人間差異，**恒常的個人差**と**半恒常的個人差**に分けて考えることは，個に応じた指導，あるいは個を生かす指導を行ううえで避けることができない。

　個人差の考え方と指導方法　個に応じた指導を考えるとき，**個性化**と**個別化**という概念を理解しておくことも大切である。個性化とは，子ども一人ひとりが育つ方向性つまり目標を考える概念である。個性化教育というとき，一人ひとりの個性に合わせて望ましい方向，すなわち，目標を考えた教育という意味になる。したがって，個性化というとき個人内差異に着目することになる。他方，個別化はある目標に向けて子どもを育てようとするとき，それぞれの個に相応しい指導方法を考える概念で，個人間差異に着目する。たとえば，基礎・基本となる内容を学習する際，ある子どもには個別指導，別の子どもにはグル

ープ指導を考えることが個別化である。

　個人差の元になる個人特性とざまざま学習方法の最適な組み合わせに関する考え方を ATI（Aptitude Treatment Interaction: **適性処遇交互作用**）と呼ぶ（Cronbach, 1957）。サロモン（Salomon, 1972）は，個人特性の欠落部分を埋めることに焦点をあてた指導法を組み合わせる治療モデル，個人特性の弱いところを補う指導法を組み合わせる補償モデル，個人特性の強いところを生かす指導法を組み合わせる特恵モデルを提唱している。しかし，こうした考え方を実際の指導に生かすためには，教育目標との関係で何を育てる必要があるかの検討が必要である。

　特別な援助ニーズの考え方とその対応　個に応じた指導の考え方として，欧米諸国では，近年「インクルージョン（統合教育）」の考え方が進展した。日本もその影響を受け，2004 年 12 月「**発達障害者支援法**」の成立とともに小・中学校の通常学級においてインクルージョンが本格的に始まった。

　従来，障害児と呼ばれる心身の一部に障害をもつ子どもは，養護学校や障害児学級等で授業を受けていた。しかし，インクルージョンのもとでは，障害児を従来の普通学級における健常児とは区別せず，「特別な援助ニーズ」の程度の大小であると考えるようになった。したがって，基本的には，すべての子どもが通常学級において授業を受け，「特別な援助ニーズ」の大小により，「通級」等の方法で特別教室や特別支援担当教員のもとで授業を受けることになった。

　子どもの「**特別な援助ニーズ**」の内容を知るためには，子ども一人ひとりの**資源（リソース）**を観察や検査等の結果を総合して判断するアセスメントにより明らかにしなければならない。子どもの資源には，個人の能力，人格等の自助資源と，個人を取り巻く環境のなかで個人の発達・成長に有効な援助資源がある。個に関するこれらの資源を明らかにしたうえで，個に応じた指導を考えることが大切である。

〔小野瀬〕

参考文献	石隈利紀　1996『学校心理学』誠信書房 福沢周亮他責任編集　2004『学校心理学ハンドブック』　教育出版

問題 33 教師が子どもにかける期待は子どもにどのような影響を与えるか

教師の役割　教師は本来，一人ひとりの子どもの発達・成長を願って指導を行う存在である。子どもは，一人ひとり能力も性格も異なるが，それぞれに可能性のある存在としてこの世に生まれくる。このことは，教育学においては**陶冶**（Bildung）と呼ばれ，最近の脳科学では**可塑性**（plasticity）として注目されている。

教師期待効果　従来より，教師がある子ども対してなんらかの期待をかけることが，その子どもの発達・成長に影響することが経験的に知られていた。これは**教師期待効果**として知られている。**ピグマリオン効果**（Pygmalion effect）とも呼ばれるが，それは，ピグマリオン王子が，自分がつくった女性の彫像に恋をし，その像が生きた人間であってほしいという強い想いをもち続けた結果，念願が叶ってその女性と結婚できたというギリシャ神話に基づくものである。

ローゼンサールとジェイコブソン（Rosenthal & Jacobson, 1968）は，この教師期待効果を実証的に検討した。彼らは，「ハーバード式学習能力予測検査」と称し，それとはまったく関係のない知能テストを学校の子どもに実施した。その後，このテストを実施した子どもの一部を取り上げ，教師に対して「これらの子どもは知的能力が伸びると予測される子どもたちだ」と告げた。その半年後，同じテストを実施し，その子どもたち（実験群）とそれ以外の子どもたち（統制群）を比較したところ，教師に対して「伸びる」と告げた子どもたちは，それ以外の子どもたちと比較し，小学校1年生で平均15ポイント以上，2年生で平均10ポイント以上伸びた。この結果は，教師が特定の子どもに対して「伸びる」と信じたことによるとされた。

また，ブロフィとグッド（Brophy & Good, 1974）は，教師期待効果の背景を実証的に検討している。すなわち，授業中の教師と子どものやり取りを観察したところ，教師の期待の高い子どもと低い子どもでは，教師—生徒関係に大き

な差があることを明らかにした。すなわち，期待の高い子どもは低い子どもに比べて，① 公的反応の機会が多い，② 学習に関連した接触が多い，③ 挙手の回数が多い，④ ほめられることが多い，ことが明らかになったのである。

これら教師期待効果に関する一連の研究は，教師が指導するすべての子どもの発達・成長に期待をもつことの大切さを示したものとして重要である。

教師期待効果は，その後，親などの重要他者でもみられることが明らかにされた。他方，子どもが自身の能力に対して期待をかける**自己期待**をもつことも成績等に影響があることが明らかにされている（Rappaport & Rappaport, 1975）。

したがって，教師が子どもに期待するのと同様に，子どもが自己期待をもつよう教師や親などの重要他者が働きかけることも大切である。

教師期待とことばかけ　教師期待効果に関する実証研究により，教師が子どもたちに期待をもち，子どもたちを励ます「ことばかけ」をすることが多くなった。ところで，学校現場で教師が子どもに期待を込めて励ます言葉に「がんばれ」がある。教師以外の人でも，誰かを励ますときに「がんばれば必ずできるようになるから」ということばをかけた経験をもつ人は多いのではないだろうか。しかし，「ことばかけ」の対象である個々の子どもを十分に理解せず挨拶代わりに用いると，逆効果になることもあるので注意が必要である。

たとえば，期待をかけて「がんばれ」と励まされた子どもが，その子にとって精一杯努力をしているにもかかわらず，うまくできない場合や，成果が上がらないときは，「無気力」や「燃え尽き」につながる危険性もある。そこで，そうした子どもに期待を込めてことばをかけるときは，その子どもの努力，つまり「がんばり具合」をよく観察したうえで，「がんばれ」以外の言葉をかける必要がある。

子どもを伸ばす「ことばかけ」にあたって教師は，対象となるその子どもの性格や能力をはじめ，その子をとりまく環境，発達・成長の過程を理解したうえで最も適切なことばを選ぶことが大切である。
　　　　　　　　　　　　　　　　　　　　　　　　　　　　　　［小野瀬］

| 参考文献 | 桜井茂男　1998『自ら学ぶ意欲を育てる先生』図書文化
奈須正裕　1996『学ぶ意欲を育てる』金子書房 |

問題 34　授業における「ほめる」と「叱る」はどのようにすれば活かせるか

「ほめる・叱る」と意欲　子どもは，ふつう，授業中に教師から「ほめられる」と元気が出てヤル気を出すが，授業中に教師から「叱られる」とる元気をなくしヤル気がなくなる。このヤル気とは意欲のことである。意欲については，心理学における**動機づけ**の領域で研究が進められてきた。それによると，「ほめる」と「叱る」については，**外発的動機づけ**における賞・罰の効果として研究の蓄積があり，一般には賞（ほめる）がよいとされてきた。

　たとえば，ハーロック（Hurlock, 1925）の研究は，現在では倫理上の問題があるため同様の研究はできないが，興味深い結果を示している。彼は，小学校4年生と6年生を対象に加算作業を行わせ，その日の成績をクラス全体で発表した。その際に賞賛群，叱責群，無視群，統制群で比較したところ，賞賛群では成績が伸び続けたことから，「ほめる」ことの重要性が指摘された。

　また，トンプソンとハニカット（Thompson & Hunnicutt, 1944）は，子どもの性格（内向・外向）と「ほめる」「叱る」の効果の関連について調べている。彼らは小学校5年生に数字の抹消テストを行わせ，賞罰をテスト用紙に「よい」「悪い」をつけることにより与えた。その結果，最も効果が持続したのは外向性の子どもに「悪い」（罰）と内向性の子どもに「よい」（賞）の組み合わせであった。このことから，子どもの性格によっても賞罰の効果は異なることが明らかになった。

ほめる・叱るの効果的利用　子どもをほめたり叱ったりすることが，一定の効果をもつことは，実験的研究から明らかである。そこで，より一層効果を上げるためには，ほめる・叱るを用いるさいの状況やそれらを用いる者（教師）と受ける者（子ども）の関係性にも注意する必要がある。

　まず，ほめる（賞）や叱る（罰）の効果は，それを用いる状況，つまり，ほめる・叱る対象となる子どもが，それ以前にどのような賞や罰の経験をしてい

るか，また賞や罰の対象となる課題等についての能力や成績等がどうかも影響する。たとえば，日頃からほめられる経験が多い子どもは，ほめられることに慣れてしまうため，ほめることの効果が低下してしまう。叱ることについても同様のことがいえる。

教師と子どもの関係性によっても，ほめる（賞）と叱る（罰）の影響は異なる。つまり，ほめる・叱るを与える教師とそれらを受け取る子どもがどのような人間関係にあるかによってその効果は異なる（竹内, 1995）。とくに教師の場合，子どもとの信頼関係がポイントになる。子どもと教師が信頼関係で結ばれていれば，とくに「叱る」場合でも，素直に受け入れることが多い。さらに，「叱る」場合，その理由が子どもにとって納得できるものであるか否かも影響する。納得できない場合の「叱る」は，子どもの行動の改善につながらないことも多い。

ほめる・叱るを行う際の留意点　どちらも「かけことば」であるが，ことばのかけ方，つまり，教師がかけることばの表現によっても，意欲や行動変容への効果は変化する。奥山・新井（1991）は，教師のことばをかける意図が同じでも，ことばの内容によって受け止める子どもの意欲は変化することを示している。

たとえば，次にあげることばは，いずれも意図は同じだが伝わる内容が違ってしまう。すなわち，①「もう少しだからがんばれよ」「できなければ，やめてしまえ」，②「時間はまだたくさんあるから，がんばれ」「まだできないのか。もっと早くやれ」，③「ヤル気を出せば，必ずできるようになるぞ」「本当にヤル気があるのか」，④「ほかによい考えはないか，もう一度調べよう」「こんな考え方しかできないのか」，⑤「前に学習したことを思い出してごらん」「前にも，これと同じことを教えたはずだ」。

このように，前者のことばをかけられた子どもは意欲をもって行動するが，後者のことばをかけられた子どもは意欲を失ってしまうのである。　　　［小野瀬］

参考文献	児童心理編集部　2002『育てるほめ方・叱り方』（児童心理12月臨時増刊号特集）金子書房

| 問題 35 | 授業内容や教材をどのように開発し活用するか |

授業内容や教材を開発する意義　日本の学校教育では，教える目標（なんのために）と内容（何）について，文部科学省が公示する学習指導要領に記されている。それらを教えるための素材を具体化したものが教材で，その代表的なものは教科書である。これは，文部科学省による検定を受けたものでなければならない。

　また，1989年の学習指導要領で新設された「生活科」や1998年の学習指導要領で新設された「総合的な学習の時間」では教科書がないため，教師は学習指導要領の内容に沿って授業内容や教材を開発しなければならなくなった。

　したがって，教師は授業における教育目標を達成するため，目の前の子どもの実態をふまえて授業で実際に用いる授業内容や教材を決定し，必要に応じて新しい授業内容や教材を開発していかねばならない。

授業内容や教材の開発方法　教師が実際の授業で用いる授業内容や教材の開発は，従来より「授業設計」と呼ばれるプロセスのなかで行われてきた。授業設計とは，人に物事を教えるときどのような内容をどのような方法で教えるかに関するものである。その一般的手順は，① 目標の明確化，② 学習内容の構造化，③ 学習内容の系列化，④ 指導案の作成である。授業内容や教材の開発と活用にあたっては，授業設計の手順を切り離して考えることはできない。

　また，授業設計にあたっては，学習者の実態をふまえることが重要である。学習内容の構造化や系列化を図る際，学習者がどのような既有経験や既有知識をもっているのか，学習者がどのような方法で知識や技能を修得していくのかについても知っておく必要がある。これらは**学習方略**と呼ばれているが，それに合わせて教師も適切な教え方，すなわち**教授方略**を考えなければならない。近年，各教科の内容との関係で，子どもの学習方略と教師の教授方略との関連性を明らかにする知見を教育心理学は集積してきてるので参考になる（辰野，

1997）。

授業内容や教材の開発と教育心理学　教育心理学は，認知心理学の研究方法を取り入れるようになってから，学校での授業内容や教材を子どもがどのように理解したり修得したりするかに関する研究が増え続けている（辰野，1992）。

これに関して，とくに重要な概念は**スキーマ**であろう。スキーマとは，人間の知識の単位である。人間は誕生して以来，外界から得た情報を目，耳などの感覚器官で受け取り，それが**短期記憶（作動記憶）**を経て**長期記憶**に保存され知識となる。その知識はスキーマと呼ばれる関連知識のまとまりとなって保存される。さらに新情報が目や耳などから入ってくると，その情報は一時的に短期記憶（作動記憶）に留まり，すでに長期記憶に保存された知識の枠組，つまりスキーマを使ってその新情報を理解し有意味化し（関連づけ）ながらスキーマを更新していく。

そう考えると，授業内容や教材の開発にあたっては，学習者のスキーマを理解し，新情報を有意味化するよう工夫することが必要になる。近年，子どもが生活経験をとおして修得した**素朴概念**とか**誤概念**を修正する授業内容や教材の開発がさかんである（伏見・麻柄，1993）。たとえば，子どもは，物を落とすと真下に落ちることを，理科の素朴概念として生活経験から学んでいる。しかし，子どもは，走る電車のなかで物を落としたときどうかを考えると理解できなくなるという。こうしたことを授業設計の際に考慮しないと，理科の教育目標は達成できない。

したがって，授業内容や教材を開発するにあたっては，各教科ごとに，目の前にいる学習者がもっている知識がどのようなものであるかを正しく理解し，それとの関連でどのような誤解が生じやすいかなどの分析が大切になる。そのためには，各教科の教科書の内容だけでなく，これまで利用されてきた教材や教具について，子どもの学力，適性，**学習意欲**，**学習スタイル**，**学習技能**，興味・関心などとの関連で分析する必要がある。　　　　　　　　　　［小野瀬］

参考文献	辰野千壽　1992『教材の心理学』学校図書 辰野千壽　1997『学習方略の心理学』図書文化

問題 36 学級集団を生かす工夫とは何か

学級集団の意義 日本の学校教育は，1872年の学制発布以来，基本的には集団による**一斉指導**が中心であった。最近では，**個別指導**も重視されるようになったが，それでも学校教育の中心は学級集団，つまり**クラス集団**での指導である。集団とは，「コミュニケーションによって相互に影響し合い，成員の行動が変容されるような相互作用をもった人間の集まり」をさす。教師は集団の特徴をよく理解したうえで，指導や支援を行うことが大切である。

集団の規模と指導法 学習者が1名のときは個別指導と呼ぶが，学習者が2名以上のときは集団指導と呼ぶ。人数が2名から20名のときは**小集団指導**，20〜40名のときは**クラス集団指導**，40名以上のときは**大集団指導**と呼ばれ，それぞれ最適な指導方法が提案されている（Gage & Berliner, 1988）。

小集団指導では，個々の子どもどうしのコミュニケーションが比較的容易に行われるので，共同作業を取り入れた授業や**討議法**を用いた授業が適している。とくに討議法では，子どもどうし，子どもとと教師のコミュニケーションがさかんになるため，記憶の保持や問題解決などの高次思考，学校や学習への態度，意欲の向上が期待できる。

クラス集団指導では，一斉指導による**講義法**と個別指導・小集団指導の組み合わせによる授業となる。講義法は，通常，教師から子どもたちに情報が一方向的に流れるため，短期間で効率よく知識を伝えるには有効である。そのため，中学校以上で利用されることが多い。しかし，知識の保持，学習に対する態度，動機づけの点で必ずしも優れるとはいえないので，プレゼンテーションの仕方等を工夫したり，**個人指導**（tutoring）やシートワーク（seat work; 一人学習）や，前述の小集団指導を取り入れるとよい。

大集団指導は，40名以上の集団であるため，学校で行う機会は少ないが，学年の全クラスや，すべての子どもを対象に効率よく知識を伝えるときには一

斉指導による講義法が中心となる。

集団を生かす指導法の展開　集団を生かす指導を効率よく行うためには，子ども一人ひとりに対応した個別指導との関係も無視することはできない。したがって，集団指導と個別指導の組み合わせを教育目標に応じて適切に行うことも大切になる。たとえば，**ブルーム**（Bloom, B. S.）により提唱された**完全習得学習**の理論は，講義法等の一斉指導を用いた集団指導と個別指導を組み合わせたもので，学習指導要領にある教育目標の完全習得をめざすとき参考になる。この方法では各教科の単元ごと細目化さた教育目標の到達基準を明確化し，それに基づき**形成的評価**，つまり指導の途中過程で教師による指導法の改善，子どもによる学習法の改善をめざした絶対評価を行う。単元ごとに細目化された教育目標の到達基準に約8割以上達成されていない子どもに対しては，補習授業が個別に行われ，その単元での教育目標に達成したうえで次の単元に進む。この考え方は**キャロル**（Carroll, 1963）の「どんな学習者でも十分な時間をかければ，学習課題を達成できる」に基づいているが，実際の授業で活用するには，個別に補習授業を行う際，たとえば教材の準備や複数の教師によるティームティーチングを行う必要がある。

最近では，小集団を生かした指導法として，**アロンソン**（Aronson, E.）らが開発した**ジグソー学習法**が注目されている（蘭，1980）。これは，元の小集団（ジグソー集団）から成員が一人ずつ集まり別の小集団（カウンターパート集団）をつくり成員が異なる内容を学習したあと，再び元の小集団に戻り各成員が学習したことを相互に教え合うものである。

以上のような方法があるが，いずれの方法を採用する場合でも，事前に学習者である子どもたちに授業システムの十分な説明と理解が必要である。同時に，それを運用する教師集団のチームワークも大切になる。　　　　　　　　　　［小野瀬］

| 参考文献 | ブロフィ，J. E.・グッド，T. L.　浜名外喜男・蘭千壽・天根哲治共訳　1985『教師と生徒の人間関係：新しい教育指導の原点』北大路書房 |

問題 37 教師が協力して教える意義と方法は何か

教師の協力と授業 教師は，教授技術や専門性において，一定水準の能力をもっている。しかし，それでも教科の種類や教科の内容によって得意・不得意もある。そこで，個々の教師の得意な面を活かして，授業の効果を最大限にすることが考えられた。それが**ティームティーチング**（team teaching）で，複数の教師が協力して指導にあたる教授組織をさす。TT とか T.T と略して呼ぶことが多い。

TT は，1950 年代にアメリカで開発された教授組織で，正式にはケッペル（Keppel, 1955）が「教師のティーム」（team of teaching personnels）として提唱したのが始まりとされる。

TT の効果については，シャップリン（Shaplin, 1960）が次の5点をあげている。すなわち，① 教育の補充・養成・職歴の見直しへの対応（優秀な教員を確保し，給与面で優遇し，教師ティームのリーダーとする），② 学校のより大きな単位への対応（教師間・教師生徒間の親密な人間関係を高める，小規模校のよさを高める），③ カリキュラムの抜本的改訂への対応（カリキュラム開発プロジェクトにかかわる教師を中心に教師ティームのリーダーとする），④ 生徒の新しいグルーピングへの対応（生徒を進度別のグループに分け指導する），⑤ 教育テクノロジーの発展への対応（新しい教育メディアを授業に活用する際，有能な教師をティームのリーダーとする）。つまり，TT は個別指導と教授方法の有効な活用をめざして学校に導入されたものといえるだろう。

現状と課題 日本では 1968 年の学習指導要領に「指導の効果を高めるため，教師の特性を生かすとともに，教師の協力的な指導がなされるように工夫すること」と記載されたことで，とくに小学校の学級担任制により陥りがちな独善的な教育指導の改善や教師の専門性をいかし，指導の効率化を図る手だてになった。しかし，1977 年の改訂でこの文面が削除されたため TT は沈静化した。

ところが，1989年の改訂で「個に応じた指導の改善」のため「教師の協力的な指導」が求められると，TTの研究や実践がさかんとなった。1993年の第6次公立学校教職員配置計画以降，小中学校においてTTのさまざまな形態が工夫され実践校も増えている。たとえば，TTには，異なる学年の間で連携指導を行う異学年TT，教科の枠を超えた異教科TTなどが考えられる。

異学年TTは「**総合的な学習の時間**」が導入されて以来，幼・小連携授業や小・中連携授業において実践研究がさかんである。たとえば，幼・小連携授業では「学校探検」のようなテーマで，近い将来小学校に入学することになる幼稚園児と小学校1年生児童が小グループからなるチームを組んで，小学校の内部を探検する。こうした授業を行う際には，あらかじめ幼稚園教師と小学校教師が役割分担を決めておき，授業を進めることになる。

また，異教科TTは，教科の内容で関連性があるときに効果が期待できる。たとえば，人間の身体を扱う単元は中学校理科と保健体育では共通部分が多い。そこで，このような単元を，理科担当の教師と保健体育担当の教師でチームを組んで指導にあたることができる。中学生では教科の好き嫌いはもちろん，学力の個人差も大きくなる。異教科TTはこうした問題を解消し，授業を受ける生徒の学ぶ意欲や学力向上に効果がみられることも明らかにされている。

各教科ごとのTTでは，英語学習のALT（Assistant Language Teacher: 英語指導助手）や特別非常勤講師の活用がある。特別非常勤講師は，文部科学省の教育職員審議会（1997）の提言により，教員免許をもたなくとも特定の領域で優れた知識と能力をもつ社会人が都道府県教育委員会の許可を受けて教科等の一部を担当する者である。「開かれた学校」では地域の資源活用が課題となっているが，特別非常勤講師の活用においてもTTは有効である。ALTや特別非常勤講師の効果をさらに高めるためには，担当の教師が授業の目的や指導方法等に関して，彼らと事前に情報交換を行ったり役割分担を決めておくことが大切である。　　　　　　　　　　　　　　　　　　　　　　　　　　　［小野瀬］

参考文献	Shaplin, J. T.・Olds, H. F.　平野一郎・椎名萬吉訳　1966『ティーム・ティーチングの研究』黎明書房

問題38 人と協力して学習することの意義と方法は何か

協力して学ぶことの意義 学校では，同年齢や異年齢の子どもが同じ空間で学ぶところに大きなメリットがある。たとえば，**仲間とともに学ぶこと**（peer learning）は，個々の子どもの**批判的思考，概念理解，高次のスキル**（問題解決力など）はもちろん，学校への満足度，教科の学力，教科学習に関する肯定的信念を高める機能がある。

仲間とともに学ぶことは，一人ひとりの子どもの成長・発達において大きな役割を果たす。その背景には社会心理学的な原理，すなわち，**相互依存性，社会的動機，社会的凝集性**の三つが考えられている（O'Donnell et.al. 2007）。

① **相互依存性**（interdependence）：これは，集団成員が同じ目標をもつことであり，競争ではなく，協同が大事である。その場合，子どもたち一人ひとりの**説明責任**（accountablity）も必要になる。

② **社会的動機**（social motivation）：これは，集団での生産性に対し報酬を与え，生産性を認知するよう動機づけるものである。その際，教師の役目は，報酬の与え方（何をグループに与えるか）を考え，動機づけを行うことである。報酬については，子どもたちにとって価値あるものとするのが望ましい。たとえば，優秀児が低学力児とともに学習することにメリットがないと感じないよう配慮したり，成果の責任をもたせないようにすること，他方，低学力児に対してはグループに貢献できるという信念をもたせ，プレッシャーをかけたり，失敗しても嘲笑されないよう保障することが大切である。

③ **社会的凝集性**（social cohesion）：これは，集団としてのまとまりで，相互依存（interdependece）をもたせるものである。教師は，子どもが学習を進める際，子どもたちがともに学ぶことを支援する必要がある。そのためにはグループ構成に配慮し，グループサイズを決めたり，グループ成

員の役割分担を決める。他方，グループ内で個々の子どもが十分に活動できるよう社会的スキルの指導をすることも大切である。社会的スキルには，ほかの成員が考え方をどう理解するか，ほかの成員の意見にどう対応するかなどの具体的な技術の指導が含まれる。

これらがうまくいくと，達成への努力，よい人間関係，心理的な適応，社会的コンピテンスが修得できる。

協力して学ぶ学習の展開　人とともに学ぶこと，すなわち人と協力して学ぶことは，近年，協同学習として注目されている。協同学習は，「協力して学び合うことで，学ぶ内容の理解・習得を目指すと共に，協同の意義に気づき，協同の技能を磨き，協同の価値を学ぶ（内化する）ことが意図される教育活動」で，その条件として次の4つが考えられている（関田・安永，2005）。

① 互恵的相互依存関係の成立：クラスやグループで学習に取り組む際，その構成員全ての成長（新たな知識の獲得や技能の伸張など）が目標とされ，その目標達成には構成員すべての協力が不可欠なことが了解されている，ことである。

② 二重の個人責任の明確化：学習者個人の学習目標のみならず，グループ全体の学習目標を達成するために必要な条件（各自が負うべき責任）をすべての構成員が承知し，その取り組みの検証が可能になっている。

③ 促進的相互交流の保障と顕在化：学習目標を達成するために構成員相互の協力（役割分担や助け合い，学習資源や情報の共有，共感や受容などの情緒的支援）が奨励され，実際に協力が行われている。

④「協同」の体験的理解の促進：協同の価値・効用の理解・内化を促進する教師からの意図的な働きかけがある。たとえば，グループ活動の終わりに生徒たちにグループで取り組むメリットを確認させるような振り返りの機会を与える。

この4条件を満たすものとして**ジグソー学習法**（蘭，1980）がある。［小野瀬］

参考文献	日本協同教育学会　2005『協同と教育』第1号　東京出版サービスセンター

問題 39 子どもと教師,子どもどうしの「よい関係」を築くにはどうしたらよいか

　学校における「よい関係」の意義　学校における人間関係には,子どもと教師の関係,子どもどうしの関係,教師どうしの関係が考えられる。これらが「よい関係」にあるとき授業の効果も一層高まる。それを維持することは,「いじめ」「登校拒否」「学級崩壊」等の問題を防止することに通じる。

　「よい関係」は,次のような能力の発達を促進するといわれている。すなわち,① **社会的スキル**の発達,② 協働の仕方を学習する機会,③ **欲求不満**(フラストレーション)への対処スキル,④ よい**学習習慣**の発達を促進する。

　社会的スキルとは,対人関係をうまく処理するスキルであり,協働の仕方を学習する機会とは,仲間と協力し力を合わせて目標達成を行う方法を学ぶことである。また,欲求不満(フラストレーション)への対処スキルは,対人関係や仲間との協力の際にうまくいかなかったとき生じる葛藤への対応の仕方である。よい学習習慣とは,目標達成のための方法の修得しそれを継続的に実行することである。

　子どもと教師の「よい関係」のつくり方　子どもと教師の関係を考えるうえで不可欠となるのがコミュニケーション能力である。そのためには,よい関係をもちたい子どもたちを理解することが大切である。方法としては「子ども文化」を知る必要がある。子どもたちの生活スタイルや遊び等を調査データや白書等の客観的情報を入手して理解するほか,直接,観察したり聴取するとよい。

　また,子どもと関係を考える際,教師自身が子どもをどのように見ているかを自覚することも大切である。その方法として近藤(1995)は,**RCRT**(Role Construct Repartry Test)を提唱している。すなわち,まず,担任しているクラスの児童生徒を対象に,顔や名前といったプロフィールを思い出す。すると,① 思い出される子どもとなかなか思い出せない子どもがいることに気づく。また教師から見て,② 似ていると感じられる子どもたち,③ よくわかる子ど

第5章 授業と学級集団

もとそうでない子どもたちを思い浮かべてみる。また，本来教師として自覚的であることはあまり好ましいことではないが，④自分とウマの合う子ども，ウマの合わない子どもに気づいてみる。①～④に該当する子どもたちを想起し，分析を深めるなかで子どもに対する認知の枠組みがあぶりだされる。これにより教師は，単純すぎる視点でとらえていないか，見方に偏りはないかなどに気づくことができる。

　子どもどうし「よい関係」のつくり方　子どもどうしの関係については，発達段階によっても異なる。つまり，小学校の低・中学年くらいまでは，友だち関係が活発で，仲間集団をつくることもまれではない。この段階では，競争したり協力したりしながら互いの違いや共通点に気づいていく一方，クラスのなかでの社会的地位についても自覚するようになる。小学校高学年以降は第二次性徴の発現が契機となり自己意識に目覚めていく。それにより自分の考え方や性格等，内面を重視した友だち関係を志向するようになる。他方で，他者からの評価に過敏になるため，自己主張を避け同調的になったりする。したがって，子どもどうしの「よい関係」をつくろうとしたときには，こうした発達的な視点をもつことが大切である。

　「よい関係」をつくる方法として最近よく利用されるものに**ソーシャルスキルトレーニング**（SST: Social Skill Training），**構成的グループエンカウンター**（structured group encounter），**ピアサポート**（peer support）等の心理教育（**サイコエデュケーション**：psychoeducation）の技法がある。たとえば，國分（1992）が提唱する構成的グループエンカウンターは，集団学習体験をとおして人間的な成長，すなわち，自己理解や他者理解，感受性，信頼体験，自己主張，役割体験を行う。具体的には，こうした成長を促す学習課題を，教師等がリーダーとなり実施する。小学校から高校生まで，学級活動やロングホームルーム，授業等でのたくさんの実践事例ともに，その成果が実証されている（國分，1996）。

　　　　　　　　　　　　　　　　　　　　　　　　　　　　　［小野瀬］

参考文献
國分康孝　1992『構成的グループエンカウンター』誠信書房
國分康孝監修　1996『エンカウンターで学級が変わる』図書文化

第6章　学習環境とメディア

問題 40　教授学習過程において学習環境はどのような役割を果たすか

　学習環境とは　広義には児童生徒の学習に影響を与える物理的・心理的な環境のすべてを**学習環境**といい，学校環境・家庭環境・社会環境に大別される。なかでも，学校における教授学習過程とのかかわりから学習環境をとらえるならば，教室を代表とする学習空間の物理的環境と，教師の指導観や学級の雰囲気などを反映した心理的環境とに分けることができる。前者の物理的な学習環境とは，児童生徒の充実した学習活動に向けて，教室などの学習空間のなかに教材・教具・メディア・什器等を安全性・利便性・快適性に配慮しつつ位置づけたものをさし，狭義の学習環境にあたる。その具体的な側面としては，児童生徒に対して多様な学習活動を喚起・保障する物的環境，多様な情報活用を支援する情報環境，学習を支援するための人材に関する人的環境，学習と密接にかかわる日常生活を快適にするための生活環境などが含まれる。後者の心理的環境とは，教師が学びの意味をどのように認識し，それに基づいてどのような指導を行っているか，児童生徒の人間関係は良好か，学級は共通の目標に向けて協力しあう風土をもっているかなど，学習に影響する動的要因を総合的にとらえたものである。児童生徒の学習過程に対し，物理的環境は直接的に働きかけるという側面が強い一方，心理的環境は間接的に作用するものとみなせるが，学習環境の設計に際しては，両者は密接にかかわりあう。

　学習環境が果たす役割　学校での教授学習過程において学習環境が果たす役割には次のようなものがある。まず，学習の制御あるいは活性化を図るという役割である。そのための物理的環境上の工夫として，たとえば，教師の指導方針や授業進行に応じた机の配置とする，多様な学習活動に取り組めるよう学習課題にかかわるさまざまな素材やツールを準備しておく，教室の壁や棚に児童生徒の作品を掲示するなどの手だてがあげられる。また，ある単元のこれまで

の学習の流れを模造紙にまとめて壁に貼り出す，これから学習する内容と関連のある書籍や資料を児童生徒が日常的に手に取れる場所に置いておく，児童生徒が使うコンピュータにあらかじめインターネットから関連情報をダウンロードしておくといったことは，学習の制御や活性化をねらいとした環境設計のなかでもとくに情報の提示や蓄積に関するものであり，情報環境上の工夫といえよう。学習内容に精通した外部人材とネットワークを使って児童生徒がやりとりできるようにすることなどは，人的環境の充実をめざして情報環境を整備・活用した学習環境設計といえる。

　次に，児童生徒に心理的安定を与えるという役割があげられる。物理的要因としては，教室をはじめとするさまざまな学習の場のデザインや色調に加え，その場が整理・整頓されているか，清潔に保たれているかといった生活環境的な側面も児童生徒の心理的状態を左右するであろう。また，学級内の人間関係，教師やクラスメートに対する信頼感などの心理的要因は，児童生徒の心理的安定に直接的な影響を及ぼす。一人ひとりの子どもが学級のなかで自分の心理的な居場所を確立し，落ち着いて学習に取り組めるような環境設計が重要である。

　さらに，学習環境は児童生徒の学習観を形成する役割ももつ。とくに，教師の指導観や指導方針，学習に対する学級全体の姿勢や教室風土などの心理的環境は，個々の子どもがどのような学習に価値をおくようになるか，どのような態度で学習に取り組むかといったことに大きく影響する。断片的な知識を機械的に蓄えることを重視する教師の指導，およびそれに専心するような学級雰囲気からなる学習環境のもとでは，本質的な意味を探求する学習や他者との協同による学習などに価値をおく学習観が形成されるのはむずかしいだろう。

　教師は，以上のような学習環境の役割をふまえ，それが及ぼす直接的・間接的な影響に配慮しつつ，目的に沿った学習環境を設計することが求められる。

［川上］

| 参考文献 | 美馬のゆり・山内祐平　2005『「未来の学び」をデザインする―空間・活動・共同体』東京大学出版会 |

問題 41　学級が学習コミュニティとして機能するための教室風土はどのようなものか

　教室風土とは　「明るい学級」「おとなしい学級」など，学級にはそれが集団としてもつ固有の心理社会的性格がある。そのような学級の性格を**教室風土**あるいは**学級風土**（classroom climate）と呼ぶ。教室風土は学級としての集団の形成・発達とともに醸成されていくものであるが，その成り立ちには，子どもどうしの親しさあるいは不和の程度や質，担任教師のもつ指導観やリーダーシップの様相，学級としての目標や志向性の性質，学級内の規律正しさの程度やコミュニケーション様式など，さまざまな要素が複合的に影響しあうとされている。ある学級がどのような教室風土をもっているかを把握する手段としては，学級を観察する以外に，わが国では学級風土質問紙（伊藤・松井，2001）やQ-U学級満足度尺度（河村，2000）などがある。

　教室風土が児童生徒に与える影響　教室風土は，子どもたちの精神的健康や学業成績に影響を及ぼすことが示されている（伊藤，2002）。たとえば，子どもたちの満足感の高い学級では，教師が支持的であり授業の工夫など新しい試みに柔軟である，学級の規則が明快である，子どもたちが学級によく関与し，協力しあっているなどの様子が見られたという研究結果がある。また，教師のコントロールや生徒間の競争の激しい学級では欠席率が高いことを示した研究もある。学業成績については，幼稚園から高校までを含む多数の研究結果から，一般に，子どもたちの間の関係が良好で学級に対する満足感が高い学級では学業成績が高い一方，子どもたちの学級への関心が低く学級での諸活動にあまり熱心に取り組んでいない学級では学業成績が低い，ということが示されている。

　学習コミュニティと教室風土　近年，学習を個人的な行為ではなく他者との相互作用や共同行為のなかでとらえる**社会的構成主義**の考え方が広まるにつれ，学習におけるコミュニティ（共同体）の役割が重要視されるようになってきた。**学習コミュニティ**とは，その参加者がそれぞれになんらかの恩恵を受けること

を目標として協同的に学習を進めていく学習者集団であり，そこでは学習者が相互に学び合える文脈が形成されている。

学級がそのような学習コミュニティとして機能するためには，学級が個々の学習者の単なる集合ではなく，協同的な学びの実現に向けて学習者の間あるいは学習者と教師の間で活発な社会的相互作用のなされる環境となっていることが重要である。そのためには，学習目標や課題が明確であること，またその目標や課題が学級全体で共有されていることとともに，学級内に円滑なコミュニケーションを促す社会的規範が生成されていることが条件となる。具体的には，相互の信頼感を基盤として，自由で平等なやりとりができる，相手の意見をきちんとわかろうとする，自分とは異なる考えも尊重する，対立は前向きに解決する，まちがいや失敗を認めるなどの規範が成り立っている協同的・協調的な教室風土が求められよう。また，そもそも自分一人でではなく他者と協同して学ぶことや，断片的な知識を蓄えることより真の理解を求めて探求したり創造的な知的活動をしたりすることに高い価値をおく学習観を共有していることも必要である。さらに，協同的な学びを支えるものとして，個々の学級成員が学習者としての自覚と責任をもち，自律的に学んでいく姿勢をもっていることも望まれるだろう。

子どもたちに対する教師の指導や態度が教室風土に影響を与えることは多くの研究で示されている（蘭・古城，1996）。学級が有効な学習コミュニティとなるために，教師は日々子どもたちと接するなかで，彼らが互いにそれぞれの個性を認め合い，そのよさを十分に発揮できるような支持的風土の形成を一貫して図ることが求められる。そのような教室風土の醸成により，教師主導の学習ではなく，子どもたち自身が主体となった自律的な学びの実現が期待される。

[川上]

参考文献　近藤邦夫・岡村達也・保坂亨編　2000『子どもの成長　教師の成長―学校臨床の展開』東京大学出版会

問題42 授業設計の基本的な手順と技法にはどのようなものがあるか

授業設計の基本的手順　教師は，授業場面における自分の教育活動と児童生徒の学習活動をあらかじめ計画して授業に臨む。その計画立案を**授業設計**と呼ぶ。設計の対象が1校時の授業であるのか，ある単元全体であるのか，それとも学期レベル・学年レベルで考えるのかによって設計の規模は異なってくるが，ここでは単元をひとまとまりとし，そのなかにおける各授業の設計を考えることとする。

授業設計の手順としては，統一されたものがあるわけではないが，基本的には次のように進められる。まず個々の授業を設計する前に，単元全体の目標・内容の確認と教材研究を行う。またそれらとともに学習者の特性分析を実施することも多い。そこでは，当該の学習内容にかかわる児童生徒の実態を把握するために，関連単元の学習時における児童生徒の様子や事前の確認テストの結果などから，前提となる知識・技能の習得レベルや学習内容に対する興味・関心の程度などが調べられる。これらをふまえたうえで，個々の授業について，学習目標の設定→評価方法の決定→授業内容の構造化→学習活動の系列化，という流れで授業設計を行う。学習目標の設定では，児童生徒のニーズ，社会的ニーズ，教科の目標からのニーズに対応することが求められる。すなわち，学習指導要領に示されている現代の教育理念を表した一般的な目標を基本としつつ，目の前の児童生徒の実態に応じた具体的な目標を設定する必要がある。次に，学習目標が達成されたか，達成されなかった場合はどこでつまずいたのか，どのぐらい意欲的に学習に取り組めたかなどを個々の子どもについて把握するための評価方法を決定する。必要であれば，ここで評価問題や評価項目の作成も行う。そして，授業内容の構造化の段階で，当該の授業内容を構成する各要素とそれらの間の関係を明らかにし，それをふまえて，学習活動の系列化，すなわち具体的な授業展開を計画していく。指導案を作成する場合は，この段階

で作成可能となる。なお，評価方法が授業内容の構造化や学習活動の系列化を経て徐々に確立してきたり，授業内容の構造化によって学習目標の具体化が図られたりすることもあり，授業設計は必ずしも常に上記の順序で一方向的に進められるわけではない。

授業設計における各種技法　上述した授業設計の各段階で用いられる技法の例としては，次のようなものがある。

① ブルーム（Bloom, B. S.）による**教育目標のタキソノミー**は，教育目標を認知的領域・情意的領域・精神運動的領域の3領域に分類し，領域ごとにそれぞれに含まれる目標群を階層的に構造化して示したものであり，**目標分析**の枠組みとして用いられる。

② 坂元昂による「教材の次元分け」という手法は，教材内容の構造を明確にし，目標の具体化や授業展開の検討に役立つ。まず，教材の事例を「適切次元」（学習成立に必要な要素）と「不適切次元」（学習のつまずきになる要素）とに分け，さらに適切次元を「正の値」（学習内容を正しく代表する要素）と「負の値」（学習内容を誤って代表する要素）に，不適切次元を「変動する値」（つまずきのもとになる要素）と「固定する値」（無視できる要素）に分ける。そして，適切次元の正の値の獲得，負の値の打ち消し，不適切次元の変動する値の乗り越えをねらいとして，各要素の最適な組み合わせを図るというものである。

③ ガニエ（Gagné, R. M.）は，学習者が学習成果として習得すべき能力を，知的技能，認知的方略，言語情報，態度，運動技能の5つのタイプに分類し，ある学習内容が学習者の内的処理として何を要求しているのかを明らかにしようとした。これにより目標と内容との相互関係が明確になり，授業内容の構造化や目標の具体化，評価方法の決定などが効率的に行えるという利点がある。　　　　　　　　　　　　　　　　　　　［川上］

参考文献	生田孝至編　2006『子どもに向きあう授業づくり―授業の設計，展開から評価まで』図書文化

問題43 授業場面におけるICT活用の形態にはどのようなものがあるか

授業とICT活用 ICT（Information and Communication Technology）とは情報通信技術，すなわちコンピュータとネットワークに関する技術をさす。社会における情報化の進展とともに国の施策として教育の情報化が推進され，学校の授業でも児童生徒の学習に対する効果的なICT活用が期待されている。そもそも学習支援のためのコンピュータ活用は，学習者が個別にコンピュータを用いて学習を進める**CAI**（Computer Assisted Instruction）と呼ばれる形態で1950年代末から始まった。その後，ネットワークをはじめとするコンピュータを取り巻く各種技術の飛躍的な進歩，外部から伝達される知識の獲得を学習とみなす考え方から個々の学習者による知識の構成（ないし知識を構築する行為そのもの）を学習とみなす考え方へと学習観が変化してきたことにより，コンピュータを活用した学習支援のあり方も多様になってきた。それらをここでは便宜上，コンテンツ中心の活用形態とネットワーク利用を基盤とする活用形態とに分け，それぞれが現れた経緯や背景を含め紹介する。

コンテンツ中心の活用形態 初期の伝統的なCAIは，行動主義心理学者である**スキナー**（Skinner, B. F.）の**プログラム学習**理論を背景として生まれた。問題提示と正誤のフィードバックを組み込んだ単純な「ドリル型」のコンテンツは，スキナーが提案したティーチング・マシンの機能をコンピュータで実現したものであり，プログラム学習におけるスモール・ステップの原理や即時確認の原理などに基づいている。その後，認知主義の台頭，人工知能研究の進展などを反映し，1970年代に入ると知的CAIや**ITS**（Intelligent Tutoring System）と呼ばれる形態が現れる。これは高度な個別指導を可能にするため人工知能技術を応用した「チュートリアル（解説指導）型」のシステムであり，学習者とのやりとりから学習者の理解状態を把握し，それに応じた対応を取れる点がドリル型と大きく異なっている。1980年代以降，コンピュータにおい

てテキストのみでなくマルチメディア情報の利用が可能になると，そのことにより受けるメリットが大きい「データベース型」と「シミュレーション型」のコンテンツが充実してくる。前者は，大量に蓄積されたデータからの検索活動をとおした学習を可能にし，後者は，学習者の操作と画面上の変化とのインタラクションにより知識構造の変容を促すものである。また，このような特定の学習内容に対応したコンテンツ以外に，設定された課題に対してコンピュータを道具として利用する「問題解決型」の活用形態がある。ワープロやプレゼンテーション，描画，表計算，データ計測などの各種ソフトの活用が相当する。

以上，学習者がコンピュータを使う場合の活用形態をあげたが，これらのなかには授業過程で教師の側が利用できるものもあり，実際，最近では情報の提示や解説などにあたり教師が各種ソフトを用いる場面も増えてきている。

ネットワーク利用を基盤とする活用形態　コンピュータ・ネットワークを利用することによって成り立つ学習ではICTの活用が必然である。インターネットの利用をとおして，遠く離れた国や地域の学校との交流学習を行ったり，検索エンジンを使った調べ学習をしたり，あるいはそれをホームページにまとめて発信したりすることは，対象となる学習内容（たとえば，調べた内容）そのものの習得に加え，情報活用能力の育成も可能にする。また，「CSCL (Computer-Supported Collaborative Learning; コンピュータ支援による協調学習)」と呼ばれる学習環境では，「正統的周辺参加」や「分散化された学習環境」の考えを背景としてネットワークをベースに構築された学習支援システムが活用されている。そこでは児童生徒と教師，さらにはときに外部の専門家や研究者なども参加し，システムに組み込まれた各種ツールによる双方向コミュニケーションをとおして，学習コミュニティの構築，協同的な学びの実現が図られている。　　　[川上]

| 参考文献 | 水越敏行・久保田賢一編著　2008『ICT教育のデザイン』日本文教出版 |

問題 44 児童生徒にインターネットを利用させる際に留意すべきことは何か

インターネットの特性　インターネットは，文字・画像・音声に関するデジタルデータを統合的に利用できるコミュニケーションメディアであり，その特性としては次のような点があげられる。

① 双方向型である：たとえばテレビ番組を見るように一方的に情報を受けるのみでなく，インターネットは情報の受信と発信のいずれも可能とし，受信者と発信者が容易に入れ替わることができる。

② 誰でもいつでも世界とつながりうる：コンピュータ等の機器と電話回線があり，それがインターネットにつながってさえいれば，基本的には誰でもいつでも簡単に情報の受信・発信が可能となる。しかも，それは身近な地域や日本だけにとどまらず，世界を対象にしたものである。

③ あらゆる情報が同列に扱われている：インターネット上には膨大な情報が流れているが，それらはすべて同列に扱われている。つまり，入手可能な情報は玉石混淆の状態で存在している。また，匿名で情報を発信することができることから，他人を誹謗中傷する情報や有害情報，また信憑性に欠ける情報なども流れやすい。

教育におけるインターネット利用の留意点　上述のようなインターネットの特性から，学校で児童生徒にインターネットを利用させるメリットとしては，① 入手対象となる情報が多く，かつ多様である，② 地理的・時間的・社会的制約等がほとんどなく情報入手が容易である，③ 広く学校外の人々との交流を可能にするといったことがあげられる。

ただし，利用に際しては次のような留意点があげられる。

(1) 情報の正しい評価や必要な情報の選択ができるようにする

誰もがたやすく，かつ匿名で情報を発信でき，さらにそれらはすべて同列に扱われているため，インターネット上に存在する情報は貴重なものから不正確

なものまでさまざまである。したがって，入手した情報を鵜呑みにすることのないよう，情報の信頼性や信憑性を評価することの必要性とその方法について指導することが重要である。また，簡単に多くの情報が手に入るからといって，本来の目的からは外れた不要な情報を数多く並べるのではなく，児童生徒が自分にとって本当に有用な情報を的確に選択できるように導く必要がある。

(2) インターネットがもつ危険性や問題点を理解し，対処できるようにする

インターネットはその利便性と背中合わせにさまざまな危険性や問題をはらんでいる。その匿名性ゆえに横行する違法・有害情報やフレーミング（侮蔑や罵りなど敵意に満ちた言語行動）はネット社会の典型的な「影」の部分であるが，現代社会はすでにそれらを完全には避けて通れない状況にある。したがって，児童生徒もインターネットがかかえる影の部分について十分に理解し，不適切な情報に出会ったときの対処法を知っておく必要があるだろう。

(3) **情報セキュリティ**や**情報モラル**に関する正しい知識・態度を身につける

ネットワークを利用するときのルールやマナーとして，情報セキュリティや情報モラルに関する正しい知識・態度を身につけることも重要である。上述したようなインターネットがもつ危険性からは，児童生徒が被害者になるだけでなく，思いもよらず加害者となってしまうケースも起こりうる。そこで，情報発信者としての責任を自覚するとともに，個人情報の保護，人権や著作権の尊重などについて正しく知っておく必要がある。

なお，これら(1)～(3)については，児童生徒の発達段階やインターネット利用の実態等に応じて，家庭との連携も図りつつ継続的な指導に取り組んでいくことが重要であろう。　　[川上]

| 参考文献 | 坂元章編　2002『インターネットの心理学—教育・臨床・組織における利用のために（第2版）』学文社 |

問題 45 「状況に埋め込まれた学習」の考え方はそれ以前の学習観とどのように異なるのか

「状況に埋め込まれた学習」と「正統的周辺参加」　「状況に埋め込まれた学習」は「状況的学習論」とも呼ばれ，学習を個人的な営みとしてではなく社会的な状況や文脈のなかでとらえる考えである。そこでは，本来の学習とは実際的な状況のなかで行われているということに加え，状況のなかにこそ学習や実践の知が存在していること，さらには学習によって新たに状況がつくり出されていることが強調され，その意味において学習と状況は切り離すことができない，すなわち「学習は状況に埋め込まれている」と考えるのである。レイヴとウェンガーにより「**正統的周辺参加**」と名づけられた学習のプロセスはこの考えをよく表している（レイヴ＆ウェンガー，1993）。彼女らによれば，学習とはある実践コミュニティに参加するプロセスであり，そこで活動し，さらにそのコミュニティを構成していくこととされる。たとえば，西アフリカの仕立屋では，新参者はまずボタン付けなどの比較的簡単な作業から学びはじめ，次に縫製，その次に裁断と次第に重要でむずかしい作業を担うようになる。ここでは学習者は，ある実践コミュニティへ初期の段階から正統的（legitimate）で，ただし周辺的（peripheral）な参加（participation）を許され，それが徐々に十全的（full）な参加をするようになっていく。学習者はそのプロセスにおいて当該コミュニティの成員としてのアイデンティティを発達させていくのであるが，「状況に埋め込まれた学習」の理論ではそのプロセスこそが学習の本質であると考えるのである。

「状況に埋め込まれた学習」とそれ以前の学習観との違い　レイヴらは，「正統的周辺参加」自体は教育の形態や方略を示すものではなく，学習をみるときの一つの視座であり，学校教育とはむしろ矛盾するとしているが，結果として「状況に埋め込まれた学習」の考えは，以下に述べるように学校での学習の特殊性を明らかにし，その意味を問い直すきっかけをもたらした。すなわち，

「状況に埋め込まれた学習」の考え方が現れる以前は，新しい知識を獲得し，個人の頭のなかに蓄積していくことこそが学習であるとみなされていたのに対し，「状況に埋め込まれた学習」では，「正統的周辺参加」の例で示されていたように，人間の知識や思考はその時点で人間を取り巻いている状況や文脈と密接に結びついていると考え，学習において実践コミュニティへの参加を重要視する。この考え方によれば，学校教育で状況や文脈から切り離された知識を児童生徒に与え蓄積させることは，本来，学校教育がめざすべき学習にはなっておらず，実際には学校という特殊な文化に参加させていることになる。つまり，脱文脈化された抽象的な知識を獲得させるだけの学習は，科学者や歴史学者といったある学問の専門家が実際に行っている文化的活動（**真正の文化**）とは質的に異なっており，その意味で学校の文化は「特殊」なのである。たとえば，数学者は定理や公式を覚えることに努めているわけではなく，数学的な問題を発見したり，その問題解決過程を探求したりすることに傾注しているはずであるが，学校の数学の時間の学習活動はそのような数学者の実践とはかけ離れている。中立的な立場から歴史的事実を単に確認し，それを記憶するという学習活動も，歴史学者の行っている文化的実践とはまったく異なる行為といえよう。

　従来の学習観が学習を知識の獲得とみなしていたために，そこでの学習者は教師から与えられる知識を受動的に蓄えていく個々の器とたとえられる。いっぽう，「状況に埋め込まれた学習」に代表される新しい学習観では，実践コミュニティへの参加を学習の本質ととらえ，そこで他者とかかわりあいながら行う協同的な活動を真正の文化における学習として重視する。これを学校教育にあてはめて考えると，教師の役割は，知識の提供者ではなく，実践コミュニティへのアクセスガイドないし学習者としての先達ということになる。このように「状況に埋め込まれた学習」は従来の学習観を見直す枠組みとなっている（美馬，2000）。　　　　　　　　　　　　　　　　　　　　　　［川上］

| 参考文献 | 佐伯胖　1999『マルチメディアと教育―知識と情報，学びと教え』太郎次郎社 |

問題 46　ジャスパープロジェクトとはどのようなものか

ジャスパープロジェクトとは　構成主義的な学習観や状況的学習の考え方に基づけば、頭のなかにもっているだけで使えない「不活性な知識」ではなく、使うべきときに使える「生きた知識」を身につけるためには、学習者が実際の問題解決場面に近い状況で能動的に学ぶことが重要であるとされる。このような考えに立ち、アメリカの認知心理学者ブランスフォードたちは、1980年代後半から1990年代前半にかけて、小学校高学年から中学生ぐらいの子どもたちを対象とした数学教育のビデオ教材シリーズの開発と、その教材の効果を検証する大規模な研究プロジェクトに取り組んだ。そのビデオ映像に出てくる物語の主人公の名前をとって、この一連の教材開発研究はジャスパープロジェクトと呼ばれる。

ジャスパー教材の概要　開発されたビデオ教材では、ジャスパーが日常生活のなかで出会う数学的な問題解決場面を含むさまざまなエピソードが展開される。たとえば、エピソードの第1話「シダー入江への旅」は次のような物語である。ある日、ジャスパーは新聞広告で中古のクルーザーが売りに出ていることを知り、川をさかのぼってその所有者が住むシダー入江へ行く。クルーザーを購入して、それに乗って家の桟橋に帰ろうとしたジャスパーだが、ヘッドライトが壊れているので、日が暮れるまでには川を下り終えなければならない。時刻は午後3時前、日没までに燃料切れを起こさずクルーザーを操縦してシダー入江から家まで帰れるかどうか。子どもたちは、この問題をジャスパーに代わって解くことになる。そして、その問題解決過程では、自宅の桟橋まで帰るのに必要な時間と燃料を計算すること以外に、途中の水上給油所で燃料を補給するために給油所が閉まる時刻までに到着できるかどうかを判断したり、燃料費の支払いにあたってジャスパーが持っている現金で足りるかどうかを計算したりと、最終的な問題解決に向けて必要な下位問題を自ら導き出し、それらを

一つひとつ解決しなくてはならないのである。つまり，ジャスパー教材では，普通の数学の文章題のように利用すべき情報だけが与えられるのではなく，問題解決に必要な情報が雑多なほかの情報とともに物語中に埋め込まれている。子どもたちはその多様な情報のなかから必要な情報を抽出し，適切に利用しなくてはならない。

　ジャスパー教材の有効性　ジャスパー教材の効果を検証するため，プロジェクトでは公立小学校5・6年生739人を対象として，ジャスパー教材で学習した子どもたち（ジャスパー群）と従来型の授業を受けた子どもたち（統制群）とを比較する次のようなテストが実施された。

　まず，時間や距離の計算，面積・体積，小数や分数など，数学の基礎概念に関するテストが行われた。ジャスパー群では学習はすべて物語をもとに行われ，基礎概念を個々に取り上げて学ぶ時間はなかったため，このようなテストは不利ではないかと予想されたが，統制群との間に成績の差は見られなかった。

　また，一般的な数学の文章題については，1ステップで解ける単純な問題，複数のステップを必要とする複雑な問題ともに，ジャスパー群のほうが統制群より成績がよかった。

　複雑な問題を解くために必要な，問題解決の全体的なプランニングの力と，解決に要する下位問題を理解しているかどうかを見る問題についても，どちらもジャスパー群の正答率が統制群より高かった。

　さらに，数学への関心や自信，有用性の認知，挑戦の気持ちなどについても，ジャスパー群は統制群より肯定的な態度をもっていることが示された。

　このように，ジャスパー教材を使った学習では，従来型の授業と同じレベルで数学の個々の基礎概念を獲得することができ，かつ，それらは学習者のなかで使うべきときに適切に使える「生きた知識」となっていることが示されたといえる。
　　　　　　　　　　　　　　　　　　　　　　　　　　　　　　　　　　[川上]

参考文献	ブルーアー，J. T.　松田文子・森敏昭監訳　1997『授業が変わる』北大路書房

| 問題 47 | 学校教育において「分散化された学習環境」を取り入れる意義は何か |

分散化された学習環境とは　従来，人間の知的活動については，個人の内的な情報処理過程のみに着目して論じられることが主流であった。それに対し，1980年代から現れはじめた分散認知（distributed cognition）や分散知（distributed intelligence）の考え方では，人間の「知」を，個人の頭のなかに閉じたものではなく，関連する他者や道具・環境等と分かちもたれているものであるとみなす。実際，私たちが日常生活のなかで行っているさまざまな問題解決や課題達成のプロセスは，そういった他者や道具・環境等との相互作用や協調関係に支えられている。すなわちその場合の知は，その時々の目的（問題解決や課題達成）に向かう実践に埋め込まれた状態で存在しており，その目的に関連した他者や道具等との協同的な営みのなかで発揮され，あるいは相互構築されていくものとみなせる。これは，「正統的周辺参加」と同じく，主体と状況との関係から知をとらえる**状況論的アプローチ**の立場による見方である（Pea, 1993）。

　このような分散認知や分散知の考え方に基づき，ピーは「分散化された学習環境」の概念を提唱した。それは，学習の場を学校に限らず，インターネット等を活用することで，学校の枠を越えてある種の具体的な認知的実践に児童生徒を参加させる学習環境をさす。また，とくに現実社会における認知的実践に学習者を「正統的周辺参加」させる学習環境をさす場合もある（三宮, 2006）。

　ネットワーク活用による「分散化された学習環境」の代表的な例としては，ピーらのコービス（CoVis: Collaborative Visualization）・プロジェクトがある（Pea, Edelson, & Gomez, 1994）。これは，学校における科学の学習を本物の科学者たちが行っている科学実践と近づけることをねらいとして，ネットワークをベースにした各種ツールからなる学習環境を構築し，中学生や高校生に提供したものである。そこでは，とくに大気や環境，気象等に関する科学現象を対象

として，それらを視覚化するソフトウェアが提供されており，その分野の最先端の科学者たちが実際に利用しているのとほぼ同様の研究ツールやデータセットにアクセスしながら，探求的なプロジェクト促進型の科学学習（project-enhanced science learning）に取り組むことができる。また，他校の生徒や教師，本物の科学者など，ほかの参加者とのコミュニケーションや情報共有をするための各種ツールも提供されており，現実の科学実践では日常的に行われている他者との協同作業や討論を通じた研究のプロセスを経験することができる。それはまさに実践のコミュニティへの参加といえる。

　学校教育と「分散化された学習環境」　学校での学びが現実とは切り離された抽象的な「学校知」の獲得に偏っており，学問の専門家が実際に行っている探求活動とはかけ離れているという批判がある。それに対し，「分散化された学習環境」は，ある認知的実践に児童生徒を参加させることにより，彼らが本物の学問的な探求活動に従事することを可能にする。上述のコービス・プロジェクトも，学校における従来型の科学の授業では科学実践における本質的な特徴，すなわち「オリジナリティ」や「オープンエンドであること」，「コミュニティの存在」といった要素が欠けているため，それらの点を見直し，生徒に本物の科学的探求の場を提供しようと企図されたものである。学校における学びと日常的な実践の場における学びとの乖離が問題視されるなか，インターネットの活用に両者を結びつける手立てがあることを「分散化された学習環境」は示したといえる。

　このように「分散化された学習環境」を学校教育に取り入れることによって，児童生徒に単なる断片的・抽象的な事実を教えるのでなく，自ら問題を発見・探求するプロセスとその方法を実践とのかかわりのなかで学ぶ機会を与えることができる。そこにおいて児童生徒の学びは現実世界とつながり，さらに未来を拓くものとなるだろう。

〔川上〕

| 参考文献 | ソロモン, G. 編　松田文子監訳　2004『分散認知―心理学的考察と教育実践上の意義―』協同出版 |

第7章　個人差と不適応への対応

問題48　学校現場で求められる心理臨床的視点とはどういうものか

　理解すること　学校現場で教師は，不登校やいじめ，非行や暴力など，さまざまな「問題」をかかえる子どもたちへの対応に追われている。そうした「問題」に対し，「あの子は問題」「あの家庭は問題」と括弧に入れてしまうことは簡単だが，それではなんの解決にもつながらない。"問題とされる行動（不登校やいじめ，反抗等）だけをなくせばそれで解決"ではないのである。また学校現場においては，子どもたちの悩みやストレスがいろいろな**「不適応行動」**というかたちをとって表されることは少なくない。教師への反抗のように見えながら，そこには「教師にかまってほしい」という甘えの欲求が隠されていることもある。「わがままだ」とか「問題児だ」ということばで切り捨ててしまっては，子どもは大人へのアプローチを諦めてしまうだろう。表面的な"問題"にごまかされるのでなく，行動や症状の裏にある"意味"を理解すること，そこに子どもからのSOSを読みとるという見方が必要とされる。

　いっぽう，内向的・自罰的な傾向を示す子どもは，教師や学級に攻撃を向けることは少ない。教師の目には"がんばり屋""いい子""優等生"に映ることもある。こういう子どもの場合，「あの子はしっかりしているから大丈夫」，そんな思い込みが過信につながり，ささやかなSOSを見落とすことも少なくない。"手がからないいい子"が，突然学校に行かなくなったり，非行に走ったりして周りの大人を驚かせることがあるが，それは決して"突然"ではなく，何か予兆があったはずである。"手がかからない"のではなく，親や教師の思い込みや安心感ゆえに"手を掛けてもらえなかった"という場合もあるだろう。子どもを理解するとは，多大なエネルギーを必要とする作業なのである。

　聴くこと　心理臨床活動では，相手の気持ちや要求を"聴く"ということが最も重要な役割とされる。この態度は"傾聴する"ともいわれ，単にことばの

表面的な意味を聞くだけでなく，そのことばに隠された"気持ち"の部分に耳と心を傾けることを意味している。しかし，いくらことばに語られても，心とことばがずれていたり，タテマエに隠されてホンネが見えないということも少なくない。とくに，思春期に差しかかった子どもたちのことばは微妙に揺れ動く。自らの心の内を開示することに抵抗を示す子どももいる。こうした子どもたちには，上から力で押さえつけるような態度ではなく，ずばり視線がぶつからない位置でかかわることも有効である。また，ノンバーバルなメッセージに気を配るという態度も重要であろう。たとえば，表情や身振りといったボディランゲージは非言語的コミュニケーションの代表である。また，声の調子や抑揚などは準言語的コミュニケーションといわれ，ことばではごまかせない本当の気持ちを伝えてくれる。こわばった顔，うわずった声，しきりに動く目線など，身体はことば以上に饒舌である。そういったことば以外の情報にいかに耳を傾け，子どもの本当の気持ちをすくい取れるかどうかが，収集された情報の質を左右するといえる。

待つこと・寄り添うこと　気持ちが言葉に結晶化するには時間がかかる。それを待ちきれずに「先回り」したり大人の常識を押しつけたりすると，子どもは自分のことばを呑み込んでしまう。子どもが自分の口から真実の言葉を発するまで心を傾けて待つことが必要である。たとえば，不登校の子どもたちの成長を追っていくと，「学校に行けなかった時期」がその子どもにとって必要な時間だったんだと実感させられることがある。蝶になる前にはさなぎの時期が必要であるように，本当の自分に出会うには，外の世界と遮断された「自分の世界」に閉じこもる"時間"が求められるのかもしれない。そういう「**自分さがし**」の道のりは，一人で乗り越えるにはまことに苦しい旅路である。だからこそ，自分を理解しその旅路をいっしょに歩いてくれる同行者が必要になる。親や教師など周りの大人は，そういう子どもにそっと寄り添いながら，行きつ戻りつの歩みに根気強く伴行する役割を担っているといえるだろう。　［伊藤］

参考文献	河合隼雄　1995『臨床教育学入門』岩波書店 近藤邦夫　1994『教師と子どもの関係づくり』東京大学出版会

問題 49 思春期の子どもたちはどんな悩みをかかえているのか

思春期という時期につきあう　子どもから大人への過渡期にあたるのが「青年期」である。いっぽう，「思春期」とは青年期の入り口にあたり，**第二次性徴**に象徴される身体的・生理的変化を特徴とする。また過渡期特有の不安定さと揺れ動きを示し，悩みや不安も大きくなる。

人の目に縛られて　思春期の心理的特徴の一つは，**自己意識**が高まるとともに他者に対する意識（**他者意識**）も同時に高まるという点にある。その結果，自分を振り返るときにも，必ず「他者の目」をとおして自分を見るという作業を行うことになる。この自己へのまなざしは「自分は友だちにこんなふうに思われている」「先生は僕のことをこんなふうに思っている」など，自己卑下や「被害妄想」的な悩みにつながっていくこともある。また，その「他者」が自分との比較対象に選ばれることも多い。〈あの子に比べると自分はダメだ〉〈あの人はできるのに自分はできないんだ〉と，人と比較することにより自分の欠点が見えてしまうことがある。こうして，人を意識し，人と比較するなかで，根拠もないのに自己評価を下げ**自己嫌悪**に陥る子どもたちが増えていく。

親からの自立をめぐって　また思春期は，それまでの子ども時代とは異なり，家族の波を最も被りやすい時期であるといえる。子どもたちのなかには，両親の不和やきょうだい葛藤，リストラによる働き手の失業や祖父母の介護など，家族の問題に巻き込まれてしまっているものも多い。エネルギーの補給場所であるべき"家"のなかでストレスを溜め込んでいく子どもたちも少なくない。

またこの時期，**親からの自立**をめぐって，それまでの親子関係が一時的に大きく揺れ動く。「もう子どもじゃないんだから甘えちゃいけない」「放っておいてほしい」という気持ちと，「まだ独り立ちするのは心細い」「かまってほしい」という気持ちがアンビバレントなままに共存している。親への依存と自立をめぐる葛藤が，反抗や対抗というかたちをとって表に噴出してくるため，ま

すます扱いにくいものとなる。このように，思春期は心も体も揺れ動き，周りの大人にとっても子ども自身にとっても制御しにくい時期であるといえる。

友だちをめぐって　思春期というのは，親への依存から抜け出し，友だちを一つのモデルとして自分なりの価値観をつくり上げていく時期だということもできる。子どもたちにとって親友とは，孤独を癒すだけでなく，悩みの相談相手として，また生き方のモデルとしても大切な存在であるといわれてきた。しかし昨今，子どもたちの口からも「親友だから相談できない」ということばを聞くことが多くなった。〈悩んでいる暗い自分を見せると嫌われるんじゃないか〉〈ネクラな人間と思われたくない〉，そんな不安が，子どもたちに「明るくおもしろい人間」の仮面を強いるのかもしれない。子どもたちが相談相手にスクールカウンセラーのような"第三者"を選ぶのも，親や教師にもホンネが出せず，また友だちの前でも弱音が吐けない，そんな事情が影響しているのだろう。

この友だちに関する悩みは，「仲間はずれにされている」「二つのグループの狭間でバランスを取りながら付き合うのに疲れた」「一緒にいると疲れるんだけど，一人でいるのも怖い」など，さまざまなかたちをとって語られる。この時期の子どもたちにとって，友だちといることは神経を遣って疲れる場合もあるようだ。しかし，他方，一人でいることにも大きな恐怖や不安をもっている。「一人という孤独」に苦しむよりは，「たとえ気を遣う関係でも誰かと一緒」を求めるというのが，思春期の特徴なのだろう。

斜めの関係の大切さ　このように悩みをかかえやすい思春期であるが，この時期の子どもたちは「タテの関係」を苦手とする。親や教師だからこそ相談したいという悩みもあるが，その一方で親や教師には話しにくい内容もある。密なタテ関係のなかでは冷静な相談にならないこともある。そんなとき相談役として望まれるのが「斜めの関係」である。感情が絡みやすいタテ関係よりも，飲み込まれる危険を感じずに心の内を話すことができ，それを冷静に受けとめてもらえる相手が必要とされるゆえんもここにある。　　　　　　　　［伊藤］

参考文献	
清水將之　1996『思春期のこころ』NHKブックス	
伊藤美奈子　2006『思春期・青年期臨床心理学』朝倉書店	

問題50 子どもの「問題」はどのように表現されるのか

言語化の効用 悩みや不安も，言語化して人に伝えることができれば，たとえ解決方法は見つからなくても，聴いてもらうだけでホッとしたり気持ちが整理できたりと，いろいろな効果が期待できる。ところが，子どもも小学校高学年くらいになると，自分の思いを素直に言葉にしてくれなくなることが多い。その背景にある理由はさまざまであるが，一つは「大人になんかわかってたまるか！」という反抗心である。また「どうせわかってもらえない」という諦めから口を閉ざすケースもある。他方，「親に心配かけたくない」という健気な思いから言わずに我慢している子どももいる。その一方で，「親なんだから子どもの気持ちくらい言わなくてもわかってよ」という甘えの気持ちが隠れていることもある。このように，自分から言語化することは少なくなるが，聞いてほしいことは溜まっていく。本心では〈わかってほしい〉〈聞いてほしい〉と切望しているのに，大人が近づくと「べつに～」「うるさいなあ」と，木で鼻をくくったような突っ張った返事が返ってくることもしばしばである。

行動化と身体化 では，言語化できず消えないままに残ってしまったストレスは，どのようなかたちで表現されるのだろうか。大きく分けて二つある。一つは「行動化」という表現方法である。「歌を唄う」「スポーツする」というのも行動によるストレス解消の一つであるが，これらは比較的健康な方法である。誰にも迷惑をかけないし，自分を傷つけることもない。こうしたストレス解消法をたくさんもっていればいいのだが，健康な解決方法をもたない場合，たまったストレスが誤ったかたちで「行動化」されることがある。モヤモヤした気持ちをそのまま人にぶつけてしまい，誰かをいじめたり，傷つけたりというケースである。「ムカつく」「うざったい」，そんなイライラを原形のまま吐き出す子どもたちが増えている。逸脱行動（非行や犯罪）というかたちで社会に迷惑をかけるというパターンも，誤った「行動化」の一つであろう。

そして，もう一つは「**身体化**」といわれる表現のかたちである。言葉を獲得する前の新生児は何かトラブルがあると，熱を出したりぐずったりというように身体で訴える。大人になっても，ストレスが原因で胃潰瘍になることはある。我慢してため込んだストレスが，身体をとおしてSOSを発している状態だといえる。**心身症**としての配慮が必要な疾患のうち，子どもたちに多く見られるものとしては，過換気症候群，過敏性腸症候群，神経性食欲不振症，自律神経失調症，円形脱毛症などがある。このようなかたちで身体化されたストレスは"身体言語"となり，病気というかたちで自分自身を苦しめる。

　自傷という表現型　また近年，中学生や高校生の間で増えつつあると指摘されるものに，**自傷行為**がある。手首とひじの間あたりをカミソリなどで傷つける子どもたち。自傷に走る子どもの心理はさまざまである。「イライラしていて，気がついたら血が流れていた。流れる血を見たら，気分が落ち着いた」と説明する子どもがいた。また別の中学生は，「自分の思い通りにならないとき」や「誰にもわかってもらえずに孤独なとき」に自傷をしてしまうと語ってくれた。自傷行為に走る子どもたちがつぶやく「死にたい」ということばは，「死にたいほど辛い，寂しい。誰か助けて！」という心の叫びであるのだろう。

　意味を読み取る　「もっと自分のことを心配してよ」「淋しくてたまらない」「死ぬほど苦しい」…，その行動に込められたことばはさまざまである。自分の身体を痛めつけても伝えたいことばが，必ずある。ところが多くの場合，「どうしてやめないの」という大人と，「どうしてわかってくれないの」という子どもの心はすれ違う。こうした〈行動化〉〈身体化〉されたメッセージに耳を傾けないで，表面的なかかわりにとどまる場合（暴力を力で押さえたり，身体の病気だけに気を取られたり）や，表に現れた問題性に惑わされて隠された心の叫びは受けとめてもらえない場合，子どもたちの表現方法はますますエスカレートしていく。通り一遍の励ましや大人臭い説教で対応してしまう前に，行動のかたちで発せられたメッセージをしっかりとキャッチしたいものである。　［伊藤］

| 参考文献 | 伊藤美奈子編　2005『ストレスに負けないこころを育てる学校の取り組み』教育開発研究所 |

問題 51 不登校に対し学校はどうかかわればよいのか

「さなぎ」としての不登校 日本の学校現場で「学校に行けない子どもたち」が問題とされはじめた 1950 年代後半頃，**不登校**は"**学校恐怖症**"と呼ばれていた。朝，登校しようとするとお腹が痛くなったり吐き気がしたり，さまざまな身体症状を伴う神経症的な不登校がその中心であった。家族との接触も避け，部屋に引きこもっている段階では，過度な登校刺激は逆効果となる。その渦中にいる間は，本人のみならず，周りを取り巻く家族の苦悩も非常に大きい。しかし，その暗く長いトンネルを抜けたときには，大きな変化を果たしている子どもも少なくない。そんな子どもたちにとっては，不登校をしていた苦しい時間は，「よりよいもの」「よりよい自分」を探すためのもがきであったと解釈することも可能だろう。そんな不登校に対しては，「さなぎ」から脱して蝶になる（機が熟する）のをじっくりと待つ対応が必要とされる。

多様化する不登校 いっぽう，最近の不登校は「**多様化・複合化**」しており，その裾野は広がっている。「学校に行っていない」という唯一の共通項でくくられてはいるが，その背景にある事情は一人ひとり多様である。**虐待**問題が背景に見え隠れするケース，非行を伴うケース，**発達障害**に対するまちがった対応により二次障害として不登校になったケースなど，さまざまである。不登校は決して，公式的な因果関係で論じることができないものだと痛感させられる。

求められる学校の取り組み では，学校はどのように対応すべきだろうか。

① 本人や保護者への支援：担任クラスに不登校児童生徒をかかえ，どう対応したらいいのか悩んでいる教師は多い。教師の立場に立つと，不登校を容易に認めたくない状況はあるだろう。「学校に行きたくない」ということばが，教師自身を否定することばに聞こえ素直に理解できないという思いもある。教師が電話をしたり家庭訪問をしても，いつも拒否する子どもの態度に傷ついてしまう教師もいる。しかし，不登校の子どもの気持ちは複雑である。「先生に

会いたくない。でも，何も連絡がないと不安になる…」「心配してほしい。でも，急に来られても困る…」，そんなアンビバレントな思いをかかえていることが多い。子ども本人の反応をつかみながら，子どもとの，さらには家庭との関係の糸を切らないようなかかわりが必要である。他方，保護者の多くは，学校に行けない子どもたちと向き合い多くのストレスをかかえている。保護者の不安や悩みに寄り添うことで，保護者自身が肩の力を抜き，気分をリセットしてまた子どもと向き合えることもある。そういう意味からも，継続的な保護者支援が求められる。

② 校内でのチーム支援：担任教師が不登校生徒を「かかえ込む」ことにより，事態を悪化させてしまう場合がある。学校内のさまざまな問題については，その子どもに関係する教師による**チーム支援**が重要である。チームを組むことで，多面的な情報交換（多くの目と耳）と多角的な役割分担（多くの手）が可能となる。一人では，疲れてしまったり行き詰まったりするような場合も，分け持つ相手がいることで互いに支え合えるという効果も期待できる。そしてそれと同時に校内でチームを組む前提として，「一つのクラスの悩みは学校全体でかかえていこう」という土壌づくりが必要になる。

③ 外部機関とのつなぎ役：不登校の裾野が広がるにつれ，学校外部の**専門機関**との連携がますます重要視されている。多くの情報から本人の状況を的確に判断し，適切な専門機関を探し出すことが重要である。そのうえで，子どもや保護者には「それがどういう機関で，どうして，今そこに関わることが必要か」を丁寧に説明しなくてはならない。この**インフォームド・コンセント**の段階を正しくふまなければ，本人や保護者は「学校に見捨てられた」と感じてしまうこともあるので十分に時間をかけて説明を行いたい。さらに，専門機関とつながってからも，学校からの情報を先方に伝え，また専門的なアドバイスを受けるというかたちで学校と専門機関とのつなぎ役割を果たすことも，忘れてはならない役割の一つである。　　　　　　　　　　　　　　　　　［伊藤］

| 参考文献 | 伊藤美奈子・明里康弘編　2004『不登校とその親へのカウンセリング』ぎょうせい
小林正幸　2003『不登校児の理解と援助』金剛出版 |

問題 52　発達障害の子どもたちをどのように理解し，支援していくか

　発達障害のいろいろ　近年，小・中学校を中心に「気がかりな子」への支援が注目されている。その一つがLDやADHD，**高機能自閉症**などに代表される**発達障害**である。まずLD（学習障害）は，基本的には全般的な知的発達に遅れはないが，聞く，話す，読む，書く，計算する，推論するという能力のうち特定のものの習得と使用に著しい困難を示すといわれる。またADHD（注意欠陥／多動性障害）は，年齢あるいは発達に不釣り合いな注意力および／または衝動性，多動性を特徴とする行動の障害で，社会的な活動や学業の機能に支障をきたすものをいう。そして高機能自閉症は3歳くらいまでに現れ，①他人との社会的関係の形成の困難さ，②言葉の発達の遅れ，③興味や関心が狭く特定のものにこだわることを特徴とする自閉症のうち，知的発達に遅れを伴わないものをいう。このうち，ことばや認知の発達がいいのに自閉症の特徴があるものについてはアスペルガー症候群と区別される。これらは生物学的な原因（中枢神経になんらかの要因による機能不全がある）が推定され，各障害の症状が重複していることもあるといわれているが，とくに知能が比較的高いものについては教育現場においても特別な配慮がなされないケースが多かった。そのため問題が複雑化，悪化し，不登校や非行などの「二次障害」を発現させてしまう不幸なケースもある。

　特別支援教育　こうした事態に対し，これまでの特殊教育を見直す動きが活発化した。中央教育審議会答申（2005年12月8日）によると，**特別支援教育**とは，「従来の特殊教育の対象の障害だけではなく，LD，ADHD，高機能自閉症を含めて障害のある児童生徒の自立や社会参加に向けて，その一人一人の教育的ニーズを把握して，その持てる力を高め，生活や学習上の困難を改善または克服するために，適切な教育や指導を通じて必要な支援を行うもの」と定義される。障害をかかえる子どもたちを「特別な場所」に囲い込むのではなく，障

害のない児童生徒との交流および共同学習を進め，相互理解を促進するという目的もある。

校内での支援体制　高機能の発達障害については，理解不足ゆえに「自分勝手だ」とか「反抗的だ」というように性格の問題と解釈され，注意や叱責の対象になることが少なくなかった。発達障害のリスクが予測される行動（予兆）は家庭や学校園で気づかれることが多い。とりわけ学校では，授業の進行を妨げたりクラスメートとのトラブルにつながることもあり，教師の目には「厄介な問題」と映ることもある。校内に「特別支援委員会」などが設置されている場合は，コーディネーター役の教師を中心に，担任教師や養護教諭，教育相談や生徒指導担当者，またスクールカウンセラーなどのメンバーが中心となり，行動観察や情報を収集しアセスメントを行うことが重要である。校内の人材だけで正確なアセスメントがむずかしい場合は，外部の専門機関や特別支援学校，病院等との連携が必要になることもある。校内でのチーム支援体制とともに，学校外の専門機関とのネットワークを構築することが大切である。また学校でアセスメントを行うときは，単なるレッテル張りに終わらないよう，具体的な支援につなげるかたちでの話し合いが求められる。教師一人ひとりが発達障害への理解を深めるとともに，「どんな指示が必要なのか」「学習環境は適切か」という観点から自らの授業を見直すという発想の転換も必要であろう。

保護者への支援　子どもの障害を親として認めるのは容易なことではない。相談や受診を勧めても抵抗を示したり，学校に不満を訴える保護者も少なくない。いっぽう，子どもの「問題」に気づいても，誰にも相談できず一人で悩んでいる保護者もいる。子どもの状況を伝えるときも，親の気持ちを慮り，すぐに病院や専門機関を勧めるのではなくまずは教師と親との信頼関係を築くことからスタートする必要がある。また，「問題」を伝えるのと同時に，学校としての取り組みやそれによる変化についても説明することができれば，保護者の協力は得られやすくなるであろう。　　　　　　　　　　　　　　　［伊藤］

| 参考文献 | 「児童心理」編集委員会編　2005『「気がかりな子」の理解と援助』　金子書房 |

問題53 スクールカウンセラーの仕事にはどのようなものがあるか

スクールカウンセラー活動の実際 スクールカウンセラーの仕事には，大きく分けて5つの柱がある。一つは，子どもを対象とした面接相談である。対象となる子どもの発達段階によってもさまざまであるが，個人面接になることもあれば，**集団面接**の形態を取ることもある。また，子どもからの自主的な来談のケースもあるが，教師に勧められて来談することも珍しくない。とくに，思春期の子どもたちのなかには自分の思いを素直に言葉にしてくれないことも多く，最初に信頼関係をつくることが重要な鍵となる。子どもの世界を知り，話題を模索する努力が必要である。また，友だちや先輩・後輩との関係，教師との関係などが悩みの中心である場合は，人間関係の調節が不可欠となる。

保護者支援 次にあげられるのが保護者の面接相談である。とくに不登校の子どもをかかえ，どのように対応したらいいかという迷いをかかえた保護者は少なくない。学校に行かない子どもと家のなかで対峙していると，親も不安定になり，子どもとのぶつかりに疲れ果ててしまう。そんな保護者に，相談室で不安や悩みを語ってもらうことで，親自身が心の安定を回復し，親子の"共揺れ"（互いの不安をかき立て合うという悪循環）を防ぎ，それが子どもの心理に間接的な影響を与えるという効果も期待できる。これ以外にも「不登校の親の会」を開催し，共通した立場をもつ保護者が互いにことばを交わすことで，自助的な機能を果たすという取り組みもある。

教師支援 第3に，スクールカウンセラー活動のなかでも大きな位置を占めるのが，教師への**コンサルテーション**である。コンサルテーションとは，心理臨床の専門家であるスクールカウンセラーが，教育の専門家である教師に対して行うアドバイスを意味する。教師（とくに養護教諭や担任教師）は，子ども個人についてさまざまな情報をもっている。家庭の状況や成績状況，友人関係など，相談室だけでは知ることのむずかしい貴重な情報もある。教師と情報交換

することで，その子どもを多面的に理解することが可能になるし，教師にスクールカウンセラーがもつ情報を提供することで，教室での配慮等が求めやすくなる。そういう意味では「守秘か開示か」の二分法ではない，学校全体で子どもを守るという第三の連携協力体制のあり方が学校現場では必要になる。ただしそこには，スクールカウンセラーと教師との間に十分な信頼関係が成立していることが不可欠である点にも留意すべきだろう。

研修・講演　さらに，学校臨床に特徴的な働きとして，**研修・講演会**の企画実施という役割を期待されることがある。まず教師対象の研修としては，カウンセリングの基本や思春期の心理などについて簡単なレクチャーをし教師に新しい見方を提供することを目的とした研修がある。また，気になる子どもの現状についてその家族背景・友人関係などを詳しく検討することで，「子ども理解」を進め今後の対応の方針を探るという**事例研究会**も有効である。いっぽう，保護者向けには，「反抗期」や「親離れ・子離れ」などその時々に保護者としてぶつかることの多いテーマを取り上げ，一緒に考えるという機会を提供するというものがある。これにより，子育てに疲れ子どものことを客観的に見えなくなっている保護者が対応方法を転換できたという成果もあげられている。

専門機関との連携　以上のように，学校内でできることも多々あるが，近年の子ども問題の多様化・複雑化を考えると，学校内の資源だけで問題解決を図るのがむずかしいケースも増えている。ひきこもり型の不登校，根深いいじめ，虐待等深刻な家庭の問題をかかえたケース等については，学校であるがゆえの制約もある（たとえば，家庭の問題については「学校がどこまで踏み込んでいいか」という点で躊躇することもあるだろう）。そこで必要となるのが外部の**専門機関との連携**という役割である。しかしその際，学校での問題を「外に放り出して肩の荷を降ろす」というのでは，意味がない。学校にいつか復帰するということを念頭におき（復帰のタイミングを見計らいながら），互いに連絡を取り合って継続的に連携していく姿勢が重要である。　　　　　　　　　　　［伊藤］

参考文献	伊藤美奈子・平野直巳編　2003『学校臨床心理学・入門』有斐閣 東山紘久　2002『スクールカウンセリング』創元社

問題54　養護教諭とスクールカウンセラーの役割について述べよ

　養護教諭の役割　保健室には多くの子どもたちが出入りする。もちろん、身体不調やケガで来る子どももいるが、頭痛や腹痛は保健室に入るための一種の「免罪符」にすぎないことも多い。その多くは、**養護教諭**に話を聞いてもらいに来る子どもたちである。熱を計ってもらう間に、クラスでのしんどさや先生とのトラブル、家庭でのいざこざなどを養護教諭に語っていく子どもたち。成績に影響したら困る、そんな心配のせいで担任教師には言いにくいことも、点数をつけない養護教諭には安心して話せるのだろう。また、背中をさすったりおでこに掌を当てるなど、養護教諭のちょっとしたスキンシップが子どもに安心感を与えることもある。

　こうした現状から、養護教諭にもヘルスカウンセリングの役割が期待されるようになった。とりわけ、学級には入れなくても保健室なら大丈夫という"保健室登校"の増加により、心身両面のケアを担う場として保健室の存在意義が再確認されている。今や保健室は、学校で行き場を失った子どもたちの「**心の居場所**」的役割を担いつつあるといえる。しかし反面、ますます増え続ける仕事内容は養護教諭個人の力量に委ねられ、周りの理解が得られないままに悪戦苦闘している養護教諭も少なくない。「この子は身体の病気」「この子は心の悩み」、そして「この子は健康な生徒」と見立てをし、「身体の病気には薬と処置を」「心の問題には傾聴を」と八面六臂の動きが求められている。養護教諭に対する期待はますます大きく、その荷は重くなっているといえる。

　スクールカウンセラーとの共通点　いっぽう、スクールカウンセラーは、不登校やいじめなど子どもたちがかかえるさまざまな心の「問題」解決に向けて配置が進められてきた。このスクールカウンセラーと養護教諭との間には共通項も多い。まず、教科を指導する教師とは異なる専門性を有するという点である。またどちらも「評価フリー」な存在である。人間誰しも、自分が評価され

ない場では「いい格好」をしなくていい。本音や弱音を吐くことができる。養護教諭とスクールカウンセラーとは、前者は「体」、後者は「心」と入り口に違いはあるものの、子どもたちの傷や弱い部分を癒すという共通した特徴をもつ。さらに、養護教諭とスクールカウンセラーとは学校内での立場も類似している。ともに「一人職種」といわれ、校内に同職の仲間はいない。反面、特定のクラスや学年の枠を越えて全校生徒に個別にかつ継続的にかかわることが可能である。そして、ともに「保健室」「相談室」という、子どもがいつでも誰でも自由に出入りできる空間をもっている。

校内での連携　こうした共通性ゆえに、ふだんから互いに情報交換し連絡を密に取ることが必要になる。互いの情報を交換するなかで、子どもたちのさまざまな面がより多角的に理解されることもあるだろう。それをとおして、かかわりの方向が見えてくることもある。養護教諭、スクールカウンセラー、それぞれに「一人でかかえている」という負担感が軽減され、互いに補完し合いながらかかわり続けていくことが可能になる。そして、この情報共有の作業は、全校の教職員（とりわけ担任教師）に対しても重要である。保健室や相談室だけでかかえ込むのではなく、管理職を含め教職員全体の理解を得、協力を求めることも不可欠となる。たとえば**保健室登校**への対応の場合、担任教師や教科担当教員が保健室に顔出しして声を掛けたり、課題を出して個別指導をしたりというように、校内にチーム支援体制ができることで保健室登校の意義もますます大きなものとなるだろう。

　ところが他方、保健室で対応しつづけるよりも、専門機関への紹介が急務とされるケースもある。教育的支援に加えて医療や福祉などの専門的ケアが必要な子どもたちである。これら子どもの現状を正確に見立て、必要な手だてを見出す際には、スクールカウンセラーの専門性が役に立つこともある。また、親面接や担任教師へのコンサルテーションなど、養護教諭とスクールカウンセラーとが分担しながらかかわりを広げていくことも重要になる。　　　　　　　　[伊藤]

参考文献　日本学校保健会　2002「保健室利用状況に関する調査報告書」
　　　　　村山正治他編　1995『スクールカウンセラー――その理論と展望』ミネルヴァ書房

問題 55　学校内の教育相談体制のあり方にはどのようなものがあるか

　教育相談について　昨今の子どもたちがかかえる問題の多様化に伴い，**教育相談機能**の充実が求められるようになった。学校現場では，クリニックや専門機関の相談室とは異なり，すべての児童生徒を対象に，生き方支援や進路，学業に関する相談まで，予防も含めた見地から教育相談が行われることが多い。

　教育相談の担い手　教育相談の担当については，いろいろな場合が考えられる。もし，スクールカウンセラーが配置されていれば，実際の相談担当はスクールカウンセラーが果たす場合もあるだろう。あるいは，養護教諭がその任を負う場合もある。中学校などでは，学年ごとに生徒指導担当が決まっており，その教師が教育相談係も兼ねるというかたちをとっている学校もある。また，スクールカウンセラーがいる場合は，教育相談係が相談ケースの予約の管理や連絡係など**コーディネーター**的な役割を果たしている学校もある。相談内容によっては専門的な理解や対応が必要となるため，できれば担当者は専門的な研修を受けることが望ましい。しかし，アメリカのように専門職化が進んだ現状とは異なり，日本の学校では，担任が一人で教科指導から生徒指導，進路指導まで果たしている。教師一人ひとりが教育相談のスキルを身につけると同時に，学校内に教育相談体制を組織化していくことが重要であろう。

　教育相談室の場所　相談室の場所については最大限の配慮が必要である。教室から近すぎると，「人の目」を気にする児童生徒には入りにくい。他方，教室から遠い場所だと，相談に行くこと自体が負担になり敬遠される可能性がある。「遠すぎず，近すぎず，来室しやすい」場所を選択することが大切である。保健室との関係も重要である。なぜなら，相談室と保健室を訪れる児童生徒とは重なることが多く，そのため相談担当と養護教諭との連携も不可欠となるからである。保健室と相談室とは，"**心身のケア**"という業務の類似性からいっても，最も密な連携が必要になる。

相談室の開放性と閉鎖性　相談室には，児童生徒が親しみをもてるような工夫が必要である。事務机も花を飾ることで雰囲気が変わる。壁にカレンダーを掛けたり，ちょっとくつろげる空間が用意できるといいだろう。できれば，中がのぞける構造（少しだけ扉を開けておくなど）になっていれば，最初に踏みいるときの緊張を和らげることもできる。しかし他方，〈大事な相談をしているときはほかの人に入ってきてほしくないし，ほかの生徒には相談室に入る姿も見られたくない〉，そんな思いもあるだろう。来談者の姿が外から見えにくい工夫（磨りガラスやついたての利用など）や，相談中は扉に札を下げるなどの「守り」も必要である。このように，相談室には，「入りやすさ・親しみやすさ」という〈開放性〉と同時に，「守られている安心感」という〈閉鎖性〉，この相反する機能がともに備わっていることが重要である。

ルールづくり　相談室についてよく耳にする苦情の一つが，「相談室がたまり場になってしまって収拾がつかない」というものである。相談室には，くつろいで本音が吐き出せる雰囲気は必要である。しかし，相談室といえども学校の一部であり，治外法権ではあり得ない。相談室のなかでの活動は，ほかの教師の目にも見えにくい分，誤解を受けやすいところもある。学校内のみんなが気持ちよく相談室を利用できるよう，相談室にも独自のルールが必要になる。

たとえば，来室時間について，原則的には休み時間に限られる。授業時間は教室に戻るとしている学校は多い。しかし，相談に来た児童生徒の感情が揺れてしまい教室に戻せないときなど，しばらく相談室で休ませるという対応が必要になる。そのときも，相談係が独断で対処するのでなく，担任教師や教科担当教師と連絡を取り合い，相談室だけでかかえ込まない体制が大切である。また，喫煙や携帯電話の使用など，校則で禁じられていることは，もちろん相談室でも許されない。くつろぎと安心感は必要だが，児童生徒だけが自由に好き勝手に利用できる「無法地帯」にならないような**ルールづくり**が求められる。

[伊藤]

参考文献	村山正治他編　1995「スクールカウンセラー――その理論と展望」ミネルヴァ書房 小泉英二編 1991『学校教育相談・中級講座』学事出版

第8章　教育心理学の研究方法

問題 56　望ましい研究とはどのようなものか

　当然のことながら，研究の望ましさなどという価値的な事柄は，論理的に明確な判断を下すことはできない，主観的な面を多分に有するものである。しかし，以下に記すことのほとんどは先達が論じてきたことを筆者なりに整理したにすぎないものであり，多くの研究者の合意が得られるであろう内容だと考えて提示する。

　得られた知の新奇性・脱常識性　研究というものは，本来，わかっていないことや不確かなことや誤認されていることについての認識を進展させていくための探求活動であることをふまえるならば，多くの人に「へえー，そうなのか」とか「意外だ」などと強く思ってもらえる知が得られている研究ほど望ましいといえるであろう。そして，「見いだされた現象」よりも，それを説明するための「理論ないしモデル」の新奇性が重要になるとともに，「世間の常識」よりも「学界の常識」に照らした新奇性が当然求められるであろう。ただし，教育の問題にかかわる研究においては，多くの実践家の認識の進展を促すことにつながる知を得ることにも，それ相応の意義があると考えられる。

　得られた知の確実性・根拠（データと論理）の強さ　これは研究方法の妥当性にかかわる事柄であり，データとそれに基づいて主張されていることの間の乖離（ないし，論理的飛躍）が小さいほど，確実性が高い，望ましい研究といえるであろう。基本的なことで例示するならば，限られた条件下で検討されたものであるにもかかわらず，そのようなことをふまえずに「一般に～であることが実証された」などと結論づけることや，ほかの解釈可能性が多分に存在するにもかかわらず，一面的な因果解釈をすることなどは，データと大きく乖離した主張をしていることになる。ただし，心という，元来，曖昧さを多分に有している構成概念を研究対象にしている心理学的研究においては，種々の面で

データと主張の間に乖離が生じるのは避けられないことである。したがって，自他の研究に対して批判的思考を働かせて上記のような乖離を率直に認識し，それらを解消していくためのさらなる研究を，主張する仮説および理論をあえて反証の危険にさらすことをしながら遂行していくことが重要になるであろう。

得られた知の普遍性　ここで問題になるのも，「X という変数と Y という変数の関係」といった，見いだされた現象の普遍性（ないし，一般性）ではなく，「その現象を説明するための理論ないしモデルが（一見，無関係に思えるものも含む）ほかの多くの現象にもどれだけ当てはまるか」といった，理論の普遍性である。ただし，遠藤（2002）が論じているように，とくに教育心理学のような「実践」ということを意識する必要性が高い研究領域においては，「普遍性の高さを追求するほどリアリティが損なわれて，実用性が低くなる」という面があるために，「普遍性が高いほど望ましい」とは一概にはいえないであろう。

得られた知の社会にとっての有用性　とくに教育の問題にかかわる心理学的研究に関しては，「得られた知が社会ないし多くの人にとって"役に立つ"または"ためになる（心の成長を促す）"ものであるか」ということも重要になるであろうし，より具体的に述べるならば，「得られた知を，どのような人に，どのように伝え，どう活かしてもらうか」ということが明確になっていることが求められるであろう（この点については，吉田，2005 を参照）。

なお，以上はポジティブな面に注目した事柄であるが，ネガティブな面にも注目するならば，「知見が悪用されたり，差別などを助長したりする可能性が低いこと」や「研究の遂行過程において参加者に心理的または身体的な害を与えたり，結果の公表において匿名性の保持を怠ったりするといった，倫理的な問題が生じていないこと」なども「望ましい研究」であるための条件であろう。

［吉田］

参考文献　市川伸一　2001「心理学の研究とは何か」南風原朝和・市川伸一・下山晴彦編『心理学研究法入門―調査・実験から実践まで―』東京大学出版会

問題 57　量的研究と質的研究はどのように異なるのか

　量的研究（と呼ばれる研究）では，とらえる者や対象となる人や状況によって意味が異ならない，量的には変化するが質的には安定している（したがって，定義し，客観的にとらえることが可能だと考えられる）心理的属性や心理状態が存在していることをトップダウン的に想定し，それらを変数として，操作をしたり測定をしたりしている。これに対して，**質的研究**（と呼ばれる研究）では，「心理的属性や心理状態は，本来，一定の量化が可能なものではなく，その意味は多様で不安定で錯綜していて，時間の流れや状況によって変化する」という認識のもとに，通常，現実の生活場面で得られた生の言語（や映像や音声）データを分析対象として，観察された事象を変数に還元することなく，その意味を文脈や時間的流れから切り離さずに丸ごととらえようとする。そして，このようなことを繰り返すなかで，心理的属性や心理状態のダイナミックな有り様をも説明できる，人間の心のメカニズムについての深みのある理論や分析概念をボトムアップ的に生成しようとしている。量的研究と質的研究の違いについては種々のことが論じられていて，それらのなかの何が最も根本的な点であるのかについては必ずしも明確ではないように思われるが，主に無藤（2004）とやまだ（2004）を参考にして筆者なりに整理するならば，上記のような認識論ないし人間観にかかわることが両者の基本的相違点であろう。ただし，量的研究も質的研究も画一的なものではなく，理念的な事柄に関しても，具体的な研究の方法に関しても，それぞれのなかには多種多様なものが存在している。

　さて，以上のような基本的相違点に関連して，量的研究と対比させた場合，質的研究には次のような種々の特徴があることが論じられている。①個々の事例について「観察すること」と「記述すること」と「考えること」を多面的・螺旋的に長い時間をかけてていねいに繰り返すなかで研究が進んでいく。また，研究の対象や目的が最初から明確になっていることはまれであり，それ

第8章 教育心理学の研究方法

らを上記のような循環過程のなかで見いだしていくことが求められる。②通常，現実の場に深くかかわってデータを収集するため，対象となる人や事象に対して研究者自身が与える影響に関して自覚的であることが求められる。③対象となる人および研究者の事象に対する見方・考え方や感覚といったものが大切にされる。④研究者が「観察すること」と「記述すること」と「考えること」をどのように行ったか（たとえば，事象を観察し解釈する際に，自らのもつ信念や理論などにとらわれた選択的な情報探索や情報処理をしてはいないか）について自身で省察すること，および，その省察したことも論文などのなかでできる限り記述することが強く求められる。⑤通常，あらゆることを普遍的に説明するためのグランド・セオリーではなく，対象とした事象が生じる文脈や事例の特徴をふまえたローカルな理論を生成することが追求される。⑥検討対象の選択に際しては，量的研究において理想的なものとして想定されているランダム・サンプリングではなく，能智（2004; p.79）が「リサーチの全体を通じて理論やモデルを構築していくために有用と思われるサンプルを選択する方略」と記している**理論的サンプリング**が行われることが多い。

なお，以上のことからわかるように，観察や面接や自由記述法による質問紙調査などによって得られたデータを分析の対象としたからといって，そのことだけで質的研究を行っていることにはならない。また，上記のように質的研究では個々の事例をていねいに吟味しようとするが，だからといって，通常，個性の記述を目的としているわけではなく，なんらかの一般化をめざしている。さらに，仮説生成のみを意図したものではなく，少ない事例ながらも，ある時点における仮説の検証を目的として行われることもある。　　　　　［吉田］

参考文献
南風原朝和・市川伸一・下山晴彦編　2003『心理学研究法』放送大学教育振興会
無藤隆・やまだようこ・南博文・麻生武・サトウタツヤ編　2004『質的心理学―創造的に活用するコツ―』新曜社

問題 58 実験的研究と相関的研究はどのように異なるのか

　一般に，「心理学的研究の主な目的は，心のしくみや働きについての理論ないしモデルを構築することにある」といえるであろうが，個々の研究における具体的なレベルでは，通常，二つ（以上）の変数の間の因果関係または共変関係について検討することが目的となる。そして，このような目的のための方法は，以下のような**実験的研究**と**相関的研究**と呼ばれるものに大別される。

　まず，実験的研究では，「原因→結果」という文脈において原因だと想定されている変数である独立変数を人為的に操作する。そして，その後，結果だと想定されている従属変数に関して測定をし，独立変数と従属変数の関係について検討するための分析を行う（通常は，独立変数に関する条件間で従属変数の値を比較する）。これに対して，相関的研究では，通常，人為的な操作はせずに，いずれの変数についても測定を行い，両者の関係について検討するための分析を行う。たとえば，「教師がある教授行動を行うことが子どもの学習意欲を促進するか」ということについて検討する場合，実験的研究では，研究に協力してくれる教師のなかの（基本的には無作為に選ばれた）約半数の者に当該の教授行動を積極的に行うよう促し，残りの約半数の教師にはそのような促しをしないことなどによって，「教師が当該の教授行動を行う程度」という独立変数を操作する。そして，一定の期間が経ったのち，従属変数である「子どもの学習意欲」をなんらかの方法で測定し，その値を教師に対して促しがなされた条件となされなかった条件の間で比較する。これに対して，相関的研究では，各教師が当該の教授行動を日常どの程度行っているかについても測定をし，独立変数と従属変数の関係について検討するための分析を行う。

実験的研究と相関的研究の長所・短所の比較

　（得られたデータの範囲内で）特定の方向の因果関係の存在を主張するうえでは，実験的研究のほうが有用である。なぜならば，まず第1に，実験的研究で

は独立変数の操作後に従属変数の測定が行われているために（そのデータに関しては）想定した方向とは逆方向の因果関係の介在を否定できるのに対して，相関的研究ではそれができないからである。たとえば，相関的研究によって先に例示した変数間になんらかの関係が示されても，それは「子どもの学習意欲に応じて教師が教授行動を変えている」というような因果関係によっても説明可能である。また，その教授行動を多く行う（または，ほとんど行わない）教師は，子どもの学習意欲に影響を及ぼすほかの変数（第三の変数）においてもなんらかの特徴を有している可能性があり，相関的研究において教師が当該の教授行動を行う程度と子どもの学習意欲の間になんらかの関係が見いだされても，実際には，このような第三の変数が学習意欲を規定しているのかもしれない。これに対して，実験的研究では，第三の変数に相当する変数の統制が適切になされていれば，相関的研究の場合のような解釈が当てはまる可能性が排除できる。ただし，実験的研究においても，独立変数の操作に伴ってなんらかの第三の変数が連動して変化してしまう可能性が完全に否定できるわけではない。

次に，実験的研究では，通常，限られた状況でデータの収集が行われるため，結果の**一般化可能性**に関わる問題の顕現性が高くなる。また，人工的で不自然な状況で行われることも多いため，結果の現実への当てはまりのよさ（日常場面への一般化可能性）を意味する概念である**生態学的妥当性**にかかわる問題も顕現性が高くなる。したがって，実験的研究を行う際には，実施される状況が人工的なものであることは避けられないとしても，そうであることによって検討の対象になっている独立変数の効果（ないし，理論の当てはまり）が現実と大きく乖離したものにならないように配慮した状況設定をすることが重要になる。ただし，以上は実験的研究と相関的研究を一般的・相対的に比較して論じたことであり，相関的研究においても同様のことが該当しないわけではない。

[吉田]

参考文献　吉田寿夫　2003「実験的研究と相関的研究」日本教育心理学会編『教育心理学ハンドブック』有斐閣

問題 59　統計的検定はなぜ必要なのか。また，どのような論理で成り立っているのか

　統計的検定の意義　「4，5人の成人に，身長と生まれた日（年月を無視して，何日に生まれたか）を聞いて，その4，5人のデータで両者の関係について検討する」ということを何回も繰り返したとする。そうすると，本来，両者の間にはなんらかの関係が存在するとは考えられないにもかかわらず，各データで示される傾向には大きな違いが生じ，ときには「生まれた日の数字が大きい人ほど身長が高い」という傾向が顕著に示されたり，逆の傾向が顕著に示されたりする。しかし，このようにデータによって結果に大きな違いが生じるのは，ただ同じことを繰り返しただけであるから，単なる偶然でしかないはずである。ということは，偶然の影響というものは，思いのほか大きいのである。そして，とくにデータ数が少ない場合には，本来は（すなわち，検討対象全体においては）差や関係がなくても，個々のデータにおいては偶然大きな差や関係が示されることが往々にしてあるのである（以下では，「差や関係」ではなく「差」とのみ記述する）。しかし，上記の例のように本来は差がないことが当然視される事象ならばともかく，差があることを予想して行うことが多い実際の研究においては，偶然によって生じた可能性が高いデータに対して各研究者が過大な意味づけをし，「一般に〜であることが示された」などという結論を不用意に下してしまいかねない。そこで，検討対象全体においては差がまったく存在しない場合に，データにおいて示された差（および，それ以上の差）が単なる偶然によってもそれほど低くはない確率で生じ得るのか，それとも偶然にはまれにしか生じないのかを，データ数を考慮しながら確率論的に見きわめる手段が必要になる。それが統計的検定なのである。

　以上のことについて少し異なる角度から説明すると，一定の基準が存在しない場合，同じデータに基づいて，ある研究者は「一般に〜であることが示された」と主張し，別の研究者は「この程度の差では"一般に〜である"と結論づ

けるのは早計である」と主張するなどというように，最終的に下す判断が人によって異なってしまい，問題になっている事柄について学界全体の統一見解を出すことなどはとうてい望めなくなってしまう。そこで，「確率論的に考えてどの程度の差であれば"差がある"と主張するに足る十分な証拠だとみなしてよいか」ということについての一定の基準を設定し，データにおいて示された差がこの基準をクリアしているか否かについて吟味するための分析が行われることになる。それが統計的検定なのである。

統計的検定の基本的ロジック 「差がある」という仮説の正否について吟味するために統計的検定では確率論的背理法と表現されるような論理を利用しているが，その要点は以下のとおりである。

① 主張したいこととは逆の，「差がない」という仮説を立てる。

②-1　得られたデータが，①の「差がない」という仮説のもとでは偶然にはまれにしか生じない（各学問領域で一般に了解された一定の低い確率以下でしか生じない，①の仮説とは確率論的に考えて矛盾する）大きな差を示したら，①の仮説を棄却し，「差がある」という結論を下す。

②-2　そうでなければ，「差がある」という結論を下すことを控える。

なお，統計的検定は，データに基づいて仮説の正否ないし信憑性について評価する際の一つの判断基準でしかない。また，物事が基本的に両刃の剣であるように，統計的検定も，最初に記したような意義とともに，種々の問題点を有している。これらのことをふまえ，絶対視することがないように，また，状況に応じた柔軟な思考をするように心がけながら用いることが大切である。

[吉田]

| 参考文献 | 吉田寿夫　1998『本当にわかりやすい　すごく大切なことが書いてある　ごく初歩の統計の本』北大路書房
吉田寿夫　2004「統計的分析―目的やロジックと適用上の留意点を理解するために―」高野陽太郎・岡隆編『心理学研究法―心を見つめる科学のまなざし―』　有斐閣 |

問題 60 　教育的働きかけの効果を適切に検証するためにはどうすればよいか

　ある働きかけの効果を検証するための妥当性の高い基本的方法は，研究への参加者を無作為に実験群（ないし，処遇群）と統制群の2群に分けて実験群にのみその働きかけを行うとともに，変容を促そうとしている従属変数についての測定を実験群に働きかけを行う前と後の2時点において両群に対して行い，事前から事後への変化の様相を群間で比較するものである。ここでは，「なぜ統制群が必要か」ということと「なぜ事前の状態を測定しておく必要があるのか」ということに分けて，上記のような研究法の意味について説明する。

　まず，実験群において従属変数の値が事前・事後間で変化していることが示されても，それだけでは，「実験期間中に参加者が当該の働きかけとは独立に（自然に）経験するほかの出来事によって生じたものではないか」「実験者期待効果やホーソン効果などの，働きかけを行うことに随伴して生じる別の要因の効果ではないか」「事前テストを受けた経験が事後テストに影響したのではないか」などといった解釈も十分に成立するため，働きかけの効果を主張する際の証拠としては大きな問題があることになる。そこで，検証の対象になっている働きかけを行わない点が異なるだけで，これらの攪乱的要因に関しては等質・同等だと考えられる統制群も設けるのである。

　また，事後テストの値に群間で差が示されても，それだけでは，「もともとそのような違いがあったからではないか」という解釈が該当する可能性が，データ数の少なさに応じて存在する。そして，このような問題は，教育的働きかけの効果について検証することを目的とした研究においては，参加者の各群への割り当てが現実には無作為になされないことが多いことや，クラスなどの集団単位でなされることが多いことなどのために，より顕現性の高いものになる。さらに，事前テストの結果が全体としては群間で完全に同等であっても，各参加者の事前テストの値を考慮した分析をしなければ，働きかけの効果について

の統計的検定は検出力の低いものになってしまう（この点については，吉田，2002を参照）。そこで，事前テストも行うのである。

　なお，教育的働きかけの効果について検証する際には，以下のことなどにも留意しておく必要がある。①本当は働きかけに望ましい効果があっても，「事前テストを行うことによって参加者の動機づけが低下し，事後テストの結果が悪化する」などというように撹乱的要因の効果が望ましくない方向に作用するものであるために，それらが相殺しあって変化が示されない可能性もあり，実験群において変化が認められないことのみから働きかけに効果がないと判断することも妥当ではない。②最初に記したような方法で検証しても，たとえば「実験期間中に一方の群（の一部）のみで発生したなんらかの出来事によって群間に差が生じた」というような，ほかの解釈可能性が完全に否定できるわけではない。③統制群というものは撹乱的要因の効果を統制する（それらを実験群と等質・同等にして，当該の働きかけの効果を適切に評価する）ために設けるものであるから，多くの場合，なんらの働きかけも行わないことが妥当ではない。④現実には，倫理的問題や時間的制約などにより統制群を設けることや事前テストを実施することができないことがあり，そのような場合には，過去の知見やほかのデータを総合して先に記したようなほかの解釈を理論的に否定する考察をする必要性が高まる。⑤望ましい効果をもつであろう働きかけを一部の対象のみに行うことに伴う倫理的問題を解消するために，可能であれば，事後テストを行ったあとで統制群に対しても当該の働きかけを行うほうが望ましい。　　　　　　　　　　　　　　　　　　　　　　　　　　　　［吉田］

参考文献	南風原朝和　2001「準実験と単一事例実験」南風原朝和・市川伸一・下山晴彦編『心理学研究法入門―調査・実験から実践まで―』東京大学出版会 吉田寿夫　2006「研究法についての学習と教育のあり方について思うこと，あれこれ」吉田寿夫編『心理学研究法の新しいかたち』誠信書房

問題 61 測定の妥当性とはどのようなものか。そして、どのように検証されるのか

測定の妥当性（または，尺度の妥当性）とは，端的にいえば，「測定値が測定しようとしている変数を的確に反映している程度」と表現されるものである。ただし，この定義は（一般的ではあろうが）絶対的なものではない。妥当性の概念は歴史的にも変遷していて，近年では「妥当性の問題は，使用した結果生じる社会的影響までもふまえて議論されるべきである」といった主張もなされている。

妥当性が高いことを主張するための必要条件　心理学的研究における測定対象は，通常，**構成概念**と呼ばれる，性格や能力や態度などに関する心理的属性や心理状態である。これは，人の心ないし心が関連していると考えられる行動を説明するために構成された抽象的な概念であり，直接観測できるものではない。したがって，心理学的研究における測定は，直接観測できる事象ないし反応をとおした間接的なものにならざるをえない。そして，そのために，心理学的研究では，上記のように定義される妥当性の問題が非常に重要になる。

では，「妥当性が高い」というためには，どのようなことが満たされている必要があるのだろうか。

まず，測定結果が「いつ測るか」「だれが測るか」などによってランダムに変動し，一貫性に欠けている（言い換えれば，「たまたまそうなった」と表現されるような，偶然の影響が大きいと判断されるものになっている）ならば，その測定値は測定しようとしている変数を的確に反映したものになっていないことになる。したがって，「測定結果の一貫性が高いこと」は，「妥当性が高い」というための必要条件であることになる（このような測定結果の一貫性の高さを「**測定の信頼性**」という）。

しかし，信頼性が高いからといって，それは測定に用いた尺度が一貫して何かを測っていることを示しているだけであり，それだけでは測ろうとしている

ものを的確にとらえているとはいえない。当然のことながら，「本来の測定対象である構成概念と観測変数の間に研究者が想定したとおりの特定の関係が明確に存在すること」が「妥当性が高い」というための次なる必要条件になる。たとえば，「ある人物のことを強く好いているほど，会話をするときに，その相手に視線を多く向けるであろう」と考えて，会話時の相手に対する注視時間を観測変数として他者に対する好意度という構成概念について測定しようとしたとする。このようなとき，もしも，「好意度が非常に高い場合には，羞恥心が強く働いて，かえって相手を見つめることができなくなる」などということがあれば，上記のような測定方法は妥当性が低いものであることになる。

　さらに，「妥当性が高い」というためには，もう一つ重要な条件が満たされている必要がある。ここで，心理学的研究における観測変数というものについて考えるならば，通常，それは表出された人間の行動である。そして，人間の行動というものは，ある一つの変数（ここでは，本来の測定対象である構成概念）だけでなく，それ以外の種々の変数にも規定されているはずである。たとえば，ある教科の学習にかかわる能力を測定するためのテストの得点は，その能力だけでなく，テスト・ワイズネスなどと呼ばれる受験テクニックのようなものによっても規定されているであろうし，「宿題を一生けんめいやろうと思う」「授業中，積極的に発表しようと思う」などという質問に対して肯定的な反応をする程度を観測変数として学習意欲の高さについて測定しようとした場合，それらの質問に対する回答には，黙従傾向や社会的に望ましい回答をする傾向などの反応バイアスが介在するであろう。そして，このように，当該の構成概念以外の変数によって観測変数が特定の大きな影響を受けて変動しているならば，たとえ先の二つの条件が十分に満たされていても，その観測変数は「測定しようとしている変数のみを反映したものになっていない」という意味で，当該の構成概念の的確な指標とはいえないことになる。また，そうであるならば，たとえば「本来の測定対象である構成概念には本当は性差がないにもかかわらず，観測変数に影響を及ぼすほかの変数に性差があるために，得られたデータの値を男女間で比較すると差が認められ，このような結果から，"○○（当該の構

成概念）には性差がある"といった誤った結論を不用意に下してしまう」などというようなことが生じかねない。以上のことから，「観測変数が測定したい構成概念以外の変数によって特定の大きな影響を受けていないこと」も「妥当性が高い」といえるための重要な必要条件になる。

　測定の妥当性の検証　以下に，測定の妥当性について評価するための活動を行う際の留意点ないし望まれる姿勢といったことに関して，平井（2006），村上（2003），吉田（2002）に基づいて記述する。

　まず，基本的なこととして，「直接観測できない構成概念を相手にしているがために，その測定方法の妥当性についての検証と，その構成概念にかかわる理論の検証は，本来，同時進行せざるを得ない，永遠の課題であるといっても過言ではない事柄である」ことを明確に認識しておくべきであろう。そして，「妥当性に関する一つひとつの証拠は，"その構成概念にかかわる理論が正しいこと"と"その構成概念の測定方法が妥当なものであること"に反しない事象を一つ例示したものにすぎない」という認識のもとに，「質の高い証拠を，さまざまな側面から，種々の方法によって，数多く蓄積していくこと」が大切であり，その際には，「自身が用いる測定方法が妥当性が高いものであることを主張するための要件を広範にリストアップしておく」ことが重要になるだろう。なお，過去には，基準関連妥当性，内容妥当性，構成概念妥当性と呼ばれる3種類の妥当性の概念が並列的に想定され，妥当性についての検証に際してはこれらのなかのいずれか一つ以上の妥当性に関する証拠を示せばよいと考えられていた時期もあったが，現在では，（構成概念）妥当性という単一の概念のもとに，上記のように多くの質の高い証拠を蓄積していくことの重要性が認識されるようになっている。

　次に，当然のことながら，妥当性についての検証活動を行う際には「理論がポイントになること」も明確に認識しておく必要がある。なぜならば，理論の内容（および，そこから導出される変数間の関係についての仮説）によって，同じデータが妥当性が高いことの証拠にもなるし，逆に妥当性が低いことの証拠にもなり得るからである。

また，先に記した「観測変数が測定したい構成概念以外の変数によって特定の大きな影響を受けていないこと」という「妥当性が高い」といえるための必要条件をふまえるならば，「理論的に関係があると考えられる変数との間に実際に想定した様相の関係があることをデータで示したものである収束的証拠だけでなく，理論的に関係がないと考えられる変数との間に実際に関係がない（ないし，関係が弱い）ことをデータで示したものである弁別的証拠を提示すること」も重要になる。さらに，「"用いている測定方法（尺度）が，研究者が想定している X_1 という構成概念を測定しているのであって，X_1 と関係があるが，それとは別の変数である X_2 という構成概念を測定しているのでなければ，Y_1 とは相関するが，Y_2 とはほとんど相関しないことが予測される"というような仮説をそれぞれの構成概念の内容から演繹して設定し，それを吟味する」というようなことも必要になるだろう（なぜならば，そうでなければ，その尺度を用いた研究の結果は X_2 という構成概念を用いて説明しても構わないことになってしまうからである）。とにかく，自身が用いる尺度をあえて反証の危険にさらすことが重要であり，このようなことをふまえた飽くなき追求と，それらの結果に基づいた尺度の柔軟な修正が大切になるであろう。

　ただし，妥当性についての検証は以上のようにさまざまな証拠を蓄積していくことによって少しずつ進めていくしかない事柄であるから，「妥当性についての検証が不十分だからといって，その研究は無意味である」などとみなすべきではないであろう。　　　　　　　　　　　　　　　　　　　　　　［吉田］

参考文献	平井洋子　2006「測定の妥当性からみた尺度構成―得点の解釈を保証できますか―」吉田寿夫編『心理学研究法の新しいかたち』誠信書房 村上　隆　2003「測定の妥当性」日本教育心理学会編『教育心理学ハンドブック』有斐閣

問題 62　結果の一般化可能性について検討する際は何に留意しておく必要があるのか

　「研究の結果が検討対象全体の傾向に沿った偏りや歪みのない一般的なものであると主張できる程度」を**一般化可能性**（または，**外的妥当性**）という。少なくとも心理学的研究においては，個々の研究（実験や調査など）はさまざまな面で限られた条件下で実施されており，一般化可能性に関して問題のない研究は存在しない。そして，そのため，個々の研究における仮説の支持は，あくまで「仮説と矛盾しない現象例が提示された」という意味での「仮説の例証」にすぎず，仮説の完全な実証を意味するものにはならない。研究を遂行する際には，このような基本的認識のもとに，一般化可能性ということにかかわって，以下のようなことをふまえておく必要があると考えられる。

　(1) まず，一般化可能性について考える際に考慮する必要がある側面は研究への参加者の特性だけではない。たとえば，教師のある教授行動が子どもの学習意欲に及ぼす影響に関して検討する場合，個々の研究は，「どのような子どもたちが参加者であったか」ということ以外にも，「どのような教師が」「どのような場面で」「どのようにして」当該の教授行動を行ったかなどに関して限られた条件下で実施されているとともに，それらによって研究の結果が偏ったものになっている可能性が多分に存在する。したがって，参加者の特性を変えただけの先行研究の単なる反復ばかりをしていても，それらは一般化可能性に関して脆弱な情報しかもたらさないと考えられ，一般化可能性を規定すると考えられる参加者の特性以外の側面に関しても先行研究とは異なる条件を設定して研究を蓄積していくことが重要になる。

　(2) 上記のように研究を蓄積していく際には，「（これまでは考慮してこなかった）ある考えによれば，〜というような新たな条件下では，先行研究において例証されてきたことは支持されないかもしれない」といったことを論理的に導出し，それを実際に吟味してみるような，自分が主張している理論（および，

それに基づく仮説）が否定される可能性を多分に含んだリスキーな検証活動をもっと積極的に行う必要がある。なぜならば，このような検証活動は，それまでに主張してきた理論の妥当性についての根本的な問い直しや理論の精緻化を促すものになる可能性が高いとともに，上記のようなリスキーな状況においてもそれまでに主張してきた理論が支持された場合には，それは，その理論の妥当性・一般性が高いことを示す強い証拠になると考えられるからである。

(3)「本来，心理学的研究における検討対象は，変数間の関係といった現象ではなく，その現象を説明するための理論（ないし，モデル）である」と考えるならば，（一見，無関係に思えるものを含む）さまざまな現象（ないし，先行研究とは異なる新たなパラダイム）をとおして「理論の一般性（ないし，理論の普遍性）」について検討することが重要である。

(4) 結果の現実への当てはまりのよさ（すなわち，日常場面への一般化可能性）を意味する概念である**生態学的妥当性**に関しても留意しておく必要がある。ただし，その際に問題になるのは，研究が行われる状況の現実性（逆にいえば，人工性）ではなく，検討している変数間の関係（ないし，それをとおして検討している理論）が多くの現実場面においてどの程度当てはまるかである。

(5)「心理学的研究の主な目的は，個々人に内在する（と想定されている）心のメカニズムについて究明することにある」と考えるならば，心理学的研究では，本来，「まずは検討の対象になっている変数に関して個々人からさまざまな状況下で空間的または時間的な広がりをもった数多くのデータを収集して，そのようなデータを個人ごとに分析し，個々人の心のメカニズムについて検討したうえで，その一般的傾向や個人差について吟味する」という方法が採られるべきであろう（この点については，吉田，2002を参照）。　　　　　　　　［吉田］

| 参考文献 | 亀田達也　2004「結果の解釈—実験結果の解釈を中心に—」高野陽太郎・岡隆編『心理学研究法—心を見つめる科学のまなざし—』有斐閣 |

問題63 研究法について学ぶ際にはどのようなことを意識しておく必要があるのか

　基礎的なことを確実に　本来，学習というものは，どのような事柄についても既有知識との関連づけのなかで進むものである。したがって，当然のことながら，有意味かつ確実な学習をするために本来必要なはずの基礎的な知識が獲得されていなければ，そのような学習は成立しないはずである。また，既有知識との関連づけが適切になされなければ，「わかった」とか「あっ，そうか」などというような理解の進展についての自己認識が生じないために，「おもしろい」という感覚に随伴した学習への動機づけも高まりにくいであろう。もちろん，高度な事柄について学ぶことが無意味なわけではない。しかし，基礎的なことを十分に学習することなく，高尚（そう）なことについて，訳がわからないままに，ただ型にはまった機械的な適用ができるようになるための学習ばかりをしていると，研究法の力を過大視し，過度の論理的飛躍を伴う不当な結果の独り歩きを横行させてしまいかねない。

　「Why」が大切　これも当然のことであるが，型にはまったことが機械的に行えるようになるための手続き的な事柄の修得に過度にウエイトをおいた学習をするのではなく，「なぜ，このような方法を用いる必要があるのか」や「この方法はどのような論理のもとに成立しているのか」といった各研究法の意味についての理解を重視すべきである。もちろん，型を学ぶことは大切である。が，その際に「Why」についての理解を伴った学習をしなければ，型どおりにしなかったときにどのような問題が生じるのかが的確に想定できないために，状況に応じて型を柔軟に変容させることができなくなってしまうであろう。

　「心理学的研究のための方法」という意識をもつこと　心理学的研究で用いられている方法のほとんどは，元来，心理学的研究独自のものではない。そのためか，研究法関連の著書の多くは，例が心理学的研究に関するものであっても，心理学的研究に固有もしくは心理学的研究においてとくに問題になる事柄

をとりたてて扱ってはいない。しかし，このような著書に記されていることしか学習していないと，実際に研究を行う際には，収集され分析されたデータとそれに基づいて主張しようとする心のメカニズムの間に大きな乖離が生じる可能性が高くなる。したがって，このような乖離を小さくするために留意すべき事柄に関しても種々学ぶ必要がある。なお，上記のようなことについて学習する際には，データの収集法の意味を研究の目的との関連で考えることと，分析法の意味を収集法と目的との関連で考えることが大切になるだろう。

問いを立てるプロセスについての学習を大切に　これもまた当然のことながら，問いを立てるプロセス，言い換えれば，検証に値する理論および仮説を生成するプロセスについて学ぶことも，研究法についての学習の重要な側面である。また，このようなことに関連して，「よい研究とは何か」というような研究の価値づけにかかわることや，やまだ（2004）が重視している各研究法のもとにある人間観や認識論にかかわることなどについて思索するための知識を豊かにすることも大切だと考えられる。

研究法以外の心理学的研究の知見を取り込むこと　研究への参加者の行動も，基本的にはほかのさまざまな場面における人間の行動と同様のメカニズムによって規定されているはずである。また，研究という活動は，人間の情報探索および情報処理活動の一種であるから，さまざまな心理学的研究で明らかにされてきたそれらの活動の問題点（非合理的な面，一面的な面，感情的な面，柔軟でない面など）の多くは研究者の活動にも当てはまるはずである。したがって，元来は研究法に関することの検証を目的としたものではない心理学的研究についても研究法との関連を意識しながら学習し，それらを研究遂行上の留意点として取り込んでいくことが大切であろう。　　　　　　　　　　　　［吉田］

参考文献　吉田寿夫　2006「研究法についての学習と教育のあり方について思うこと，あれこれ」吉田寿夫編『心理学研究法の新しいかたち』誠信書房

第9章　教育評価

問題64　教育評価とは何か

教育評価とは　教育とは，意図的な働きかけを行うことで，子どもの発達を促進する営みである。教育評価とは，教育の成否を点検し，必要な改善を図る行為である。教育評価といえば，テストをして点数をつけることだというイメージをもつ読者もあるかもしれない。しかし，子どもの成績をつける行為そのものは，教育学では「評定」という概念でとらえられる。教育評価は，評定とは異なる概念であることを理解しておく必要がある。

教育評価の機能　教育評価を効果的に行うためには，教育評価の機能として，診断的評価・形成的評価・総括的評価という三つを意識的に行うことが重要である。**診断的評価**とは，教育実践を始める前（入学当初，学年初め，学期初め，単元初めなど）に，その学校段階・学年・学期・単元の学習に対する子どもたちの準備状況（認知面・情意面）を把握するものである。それにより，事前の補習や関心を喚起する導入の指導などの必要性が明らかになる。**形成的評価**とは，指導の途中において教育が成功しているかどうかを点検し，その結果に基づいて必要ならば指導を改善するものである。つまずいている子どもに対しては回復学習，目標を達成できている子どもに対しては発展学習を提供する。また，**総括的評価**とは，実践の終わり（単元末，学期末，学年末，卒業前）に，発展性を含めた学力を総体としてとらえるものである。先に述べた評定は，総括的評価の一部である。

教育評価の対象　教育の成否を判断するためには，働きかけによって意図されていた発達がもたらされたかどうかを点検することが必要である。したがって教育評価の中核には，学力評価が位置づいている。**学力**とは，能力一般ではなく，教育によって身につけさせようとしている部分の能力をさす。教育の改善に役立つ評価を行うためには，学力評価とともに，授業評価やカリキュラ

評価，学校評価なども重要である。

教育評価の主体 教育評価の主体は，第1には，教育を担当している教師たちである。しかしながら，学習を効果的に行い，自立的な学習者として成長させるためには，被教育者である子どもたちも教育評価に参加することが望ましい。また，近年では，学校の**説明責任**（アカウンタビリティ）が強調されるようになっている。このことは，学校に子どもたちを預ける保護者や地域住民の教育評価への参加の重要性が認識されるようになってきたことの表れであろう。また，教育行政機関も教育評価を行い，学校に対して必要な支援を図る必要がある。さらに近年では，学校，教育関係者以外のメンバーで構成された第三者機関による外部評価を取り入れるべきであるという議論も高まっている。それぞれの主体が，対象に応じて，どのように教育評価を行っていくのかが検討課題となっている。

教育評価を評価する視点 最後に，教育評価を行うにあたっては，評価の質そのものを点検する視点をもっておかなくてはならない。そのような視点としてはまず，「評価したいものを本当に評価できているのか」を問う**妥当性**，「評価結果の精度や安定性はどうか」を問う**信頼性**の概念があげられる。とくに，複数の評価者間で評価基準を共通理解し，同じ採点規則に従うことなどによって，評価の一貫性が確保されているかどうかを検討する視点として，近年では，**比較可能性**という概念が提唱されている。

また，評価の**公正性**も重要な視点である。これには，子どもたちの社会的な背景などにかかわらず平等な評価となっているか（**平等性**），評価を行うことで結果的に教育に否定的な影響を与えていないか（**結果的妥当性**），評価にかかわる条件はあらかじめ公表され社会的に承認されているのか（**公開と承認の原則**），といった点が含まれる。さらには，「入手可能な資源と時間の限度内で評価することが可能か」を見る**実行可能性**も検討しておく必要がある。　　［西岡］

参考文献
田中耕治編著　2005『よくわかる教育評価』ミネルヴァ書房
田中耕治　2008『教育評価』岩波書店
田中耕治他　2009『新しい時代の教育課程・改訂版』有斐閣

問題65 教育評価にはどのような立場があるのか

指導要録 校長には，学校に在籍する「児童又は生徒の学籍並びに指導の過程及び結果の要約を記録し，指導及び外部に対する証明等のために役立たせるための原簿」（文部省通知）として指導要録を作成し保存することが，法的に義務づけられている（学校教育法施行規則）。指導要録の変遷をたどると，教育評価，とくに学力評価については，これまで次に記す4つの立場が登場してきたことがわかる。

認定評価（戦前の絶対評価） 教師の主観的な判断に基づく評価を，認定評価という。教師という"絶対者"を基準とすることから，絶対評価とも呼ばれる。戦前の日本においては，指導要録の前身にあたる「学籍簿」が用いられていた。そこでは認定評価が行われており，いわば教師の"胸先三寸"で成績がつけられる恣意的な評価が横行していた。

相対評価 相対評価とは，ある集団内での子どもたちの位置や序列を明らかにするもので，「集団に準拠した評価」ともいわれる。戦後の指導要録においては，戦前の認定評価（絶対評価）に対する反省から相対評価が導入された。しかし相対評価は，必ずできない子どもがいることを前提とする点，排他的な競争を常態化する点，また学力の実態ではなく集団（学年や学級）における子どもの相対的な位置を示すにすぎない点から，教育評価と呼ぶには値しないものである。

個人内評価 一人ひとりの子どもを基準にして，その子どもの発達を継続的・全体的に見ようとする評価を，個人内評価という。相対評価への批判を背景に，1980年改訂の指導要録においては「観点別学習状況」欄で「絶対評価」が行われるようになった。ここでいう「絶対評価」は目標準拠評価をめざしたものだったが，実質的には個人内評価として行われていた。個人内評価は，一人ひとりの子どもの成長を継続的にみようとする点で重要なものである。しか

し指導要録の「評定」欄で相対評価が行われ続けていた当時においては，個人内評価はいわば教師の"温情"を示すかたちになってしまっていた。

「目標に準拠した評価」
2001年版指導要録においては，「観点別学習状況」欄だけでなく「評定」欄においても「目標に準拠した評価」（以下，目標準拠評価）が行われることになった。目標準拠評価とは，教育によって達成しようとしている目標が達成されたかどうかを規準として評価を行うものである。目標

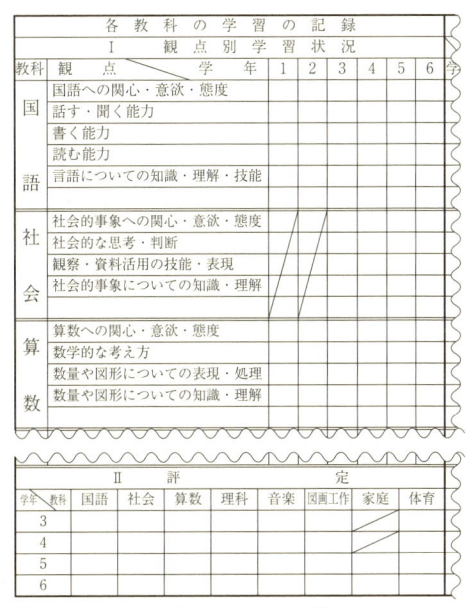

図9-1　2001年版児童指導要録の参考書式（一部）

準拠評価は，目標を明確に設定することを促す点，設定された目標に到達できたかどうかを教師に点検させる点，さらに到達できていなければ教育実践の改善を迫る点で大きな意義がある。今後は，子どもたちに共通に保障されるべき学力として目標をより明確に設定することや，学力保障を図る具体的方策を明らかにしていくことが課題となっている。

なお，先述の「絶対評価」という言葉は，日常の用語としては認定評価，個人内評価，目標準拠評価という三つの意味で用いられてきた経緯がある。現行の指導要録において導入された「目標に準拠した評価（いわゆる絶対評価）」は明らかに戦前の絶対評価（認定評価）とは異なることに注意が必要である。

［西岡］

参考文献　田中耕治編著　2003『教育評価の未来を拓く』ミネルヴァ書房
　　　　　田中耕治　2008『教育評価』岩波書店

問題 66 ゴール・フリー評価とは何か

ゴール・フリー評価　教育評価を行うにあたっては，「目標に準拠した評価」だけでなく，同時に「ゴール・フリー評価（goal-free evaluation: 目標にとらわれない評価）」を行うことも重要である。なぜなら，子どもの学習には常に教師の意図からはみだす部分があり，またそのような実態をふまえて当初設定されていた目標を検討する視点も必要だからである。

アトキン（Atkin, J. M.）は，黒澤明監督の映画「羅生門」が描いたように，一つの事実も多様な角度から多義的に解釈されうることを強調した。教室の事実についても立場により多様な解釈が可能となるため，設定する目標を一般的な目標にとどめ，創造的教授・学習活動を進めるとともに，「ゴール・フリー評価」を行うことを主張したのである（文部省，1975）。設定する目標を一般的な目標にとどめれば，指導を効果的に計画できなくなるのではないかという疑問は残る。しかしながら，さまざまな視点から多角的に教育を評価する発想は，今日においても有意義なものといえよう。

教育的鑑識眼　芸術教育を研究しているアイスナー（Eisner, E.）は，カリキュラム編成を，教育についてのイメージや願い（aspirations）をプログラムに転換していく営みとしてとらえている。アイスナーは，創造性を培うためには，行動目標（細分化された観察可能な行動によって記述された目標）ではなく，オープン・エンドの目標を設定することが重要だと主張している。また，子どもの学びは多様に展開するため，誰でもが用いることのできる定則など存在しない，と考える。したがって，教育者には，文脈に応じて価値判断を行う「**鑑識眼**」（connoisseurship）と，鑑識を言語化して「**批評**」（criticism）する力が求められることとなる。

アイスナーの主張は，分析的な行動目標ではとらえきれない学力の重要性を指摘した点で意義深い。また，子どもの学びは一人ひとり個性的なものである

第9章　教育評価

表9-1　座席表の例（年度当初の子どものとらえ，一部）

1. 何事にも前向きに頑張ることができる。進んで発言することも見られるようになってきた。よさを認め励ましていきたい。	7. 友だちをまとめるリーダー的存在である。ルールを守り，誰にでも公平に接する。友だちのよさに気付かせながら，更にリーダー性を育てたい。	13. 人の話をじっくりといい姿勢で聞くことができる。自分の思いも書くことで，のびのび表現している。話す表現にも自信をもてるよう励ましていく。	19. 話を集中して聞くことができないことがままある。課題に向かうと丁寧さが光るので，その都度，声かけ注意を促していく。	25. 課題を理解しきれずにいることもあるが，前向きに取り組もうという姿勢でいる。つまずきに個別に対応し，粘り強く課題に向かえるように支援する。	31.
2. ルールを守り，じっくりと物事に取り組んでいるものの，自信のなさからか自分の思いを表現する場では，堅くなってしまう。よさを認め励ましていく。	8. 明るく活動的で，知的好奇心旺盛であるものの，自分の思いが強くですぎてしまうことがある。リーダー性を活かしながら，友だちのよさにも気づかせていきたい。	14. 明るく活動的で，進んで発言したり仕事をすることを好む。さらにじっくりと物事に取り組んだり，友だちと協調したりする態度も育てていきたい。	20. 大きな声で返事や話ができ，鋭い感性で気付き表現するものの，友だちとのかかわりが少ない傾向がある。友だちのよさを知り，優しい態度を育てたい。	26. 課題に集中しきれず，力を出しきれずにいるようである。取り組みは認め，励ましていくことで，追究の楽しさを味わってほしい。	32.
3. 真面目に物事に取り組む。友だち同士のかかわりが少なく，休み時間には読書をしていることが多い。意図的にかかわる場を設定していく。	9. 何事も真面目によく頑張る。声は小さいものの，進んで発言する姿も見られるようになった。さらに認め励ましていきたい。	15. 何事にも前向きに頑張って取り組んでいる。言語的なつまずきには個別に支援をし，達成感を味わう体験を積んでほしい。	21. マイペースに行動する。自分の世界から抜けきれず，課題をとらえきれないこともある。善悪の判断や，話をしっかり聞くことが課題である。	27. 課題に集中できないことがある。また，自信のなさからか友だちのやることをまねしていることもある。自分らしい頑張りを認め，自信につなげたい。	33.
4.	10.	16.	22.	28.	34.

（上田薫・静岡市立安東小学校，2005，pp. 28-29）

ため，文脈に応じた鑑識眼と批評力が教師に求められることも事実である。ただし，教師たちは長年の経験のなかで，有効な教育の方法を蓄積してきていることもまた事実であろう。アイスナーは，あくまでそのような知見をふまえた素養に裏づけられた鑑識眼と批評力を重視していたのだということを確認しておく必要がある。

カルテ・座席表　日本におけるゴール・フリー評価の優れた実践例として，静岡市立安東小学校の**カルテ**と**座席表**がある。カルテとは，子どもに教師の予測と違ったものを発見したとき，簡単にメモを取り，いくつかたまったときにそれをつなぎあわせて解釈するものである。また座席表とは，ある時点でいくつかのカルテをもとに一人ひとりの子どもの全体的な把握・願い・手立て等をとらえなおし，学級の座席表に書き込んだものである（表9-1）。一枚の紙に書き表すことによって，一人の子どもを全体とのかかわりのなかで見ることができる。　　　　　　　　　　　　　　　　　　　　　　　　　　　　［西岡］

参考文献	佐藤学　1996『教育方法学』岩波書店
	根津朋実　2006『カリキュラム評価の方法―ゴール・フリー評価論の応用』多賀出版

問題 67 学力の種類に応じてどのような評価方法を用いるのか

学力の要素　子どもたちの学力実態を正確に評価するためには，分析的に学力をとらえることが必要となる。したがって 2010 年版指導要録でも，「関心・意欲・態度」「思考・判断・表現」「技能」「知識・理解」という観点別の評価が採用される見通しである。

人間の知については，図 9-2 のような構造でとらえるという考え方がある。この図において，「知の構造」は，「事実的知識」と「個別的スキル」，「転移可能な概念」と「複雑なプロセス」，「原理と一般化」という三つの層でとらえられている。「事実的知識」や「個別的スキル」は知っておく価値があるが，それだけでは深い理解にはいたらない。したがって，さまざまな文脈で役立つような知識・スキルである「転移可能な概念」や「複雑なプロセス」を身につけることが重要である。さらに知の中核部分には，「転移可能な概念」や「複雑なプロセス」を総合することによって得られる「原理と一般化」がある。これ

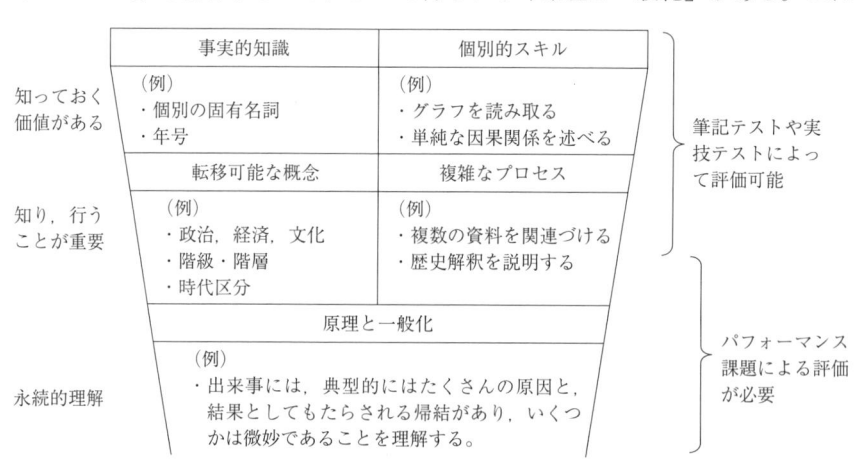

	事実的知識	個別的スキル	
知っておく価値がある	（例） ・個別の固有名詞 ・年号	（例） ・グラフを読み取る ・単純な因果関係を述べる	筆記テストや実技テストによって評価可能
	転移可能な概念	複雑なプロセス	
知り，行うことが重要	（例） ・政治，経済，文化 ・階級・階層 ・時代区分	（例） ・複数の資料を関連づける ・歴史解釈を説明する	
	原理と一般化		
永続的理解	（例） ・出来事には，典型的にはたくさんの原因と，結果としてもたらされる帰結があり，いくつかは微妙であることを理解する。		パフォーマンス課題による評価が必要

図 9-2　「知の構造」と評価方法の対応関係（例は，社会科の場合）
（McTighe & Wiggins, 2004, 及び Wiggins & McTighe, 2005 をもとに，筆者が作成した。）

こそ，永続的に理解すべき内容だと考えられる。

表9-2　従来型の筆記テスト・実技テストとパフォーマンス課題

●漢字練習，段落分けの練習	⇔	論説文の執筆
●計算問題	⇔	ペンキ塗りにかかる費用の算出
●ガスバーナーの操作	⇔	実験の計画・実施・報告
●ドリブルの練習	⇔	バスケット・ボールの試合
●運指練習	⇔	曲の演奏
●教習所でのコース練習	⇔	路上検定

評価方法　近年の評価研究では，「知の構造」と評価方法の対応関係が指摘されている。より表層的な知識やスキルについては，従来型の筆記テストや実技テストの項目により評価できる。しかし原理や一般化を理解できているかどうかを評価するには，リアルな文脈において知識やスキルを総合して使いこなすことを求めるような**パフォーマンス課題**を用いた評価が必要となる（表9-2）。

学力評価計画　こうして幅広い学力を保障するうえでは，さまざまな評価方法を組み合わせて用いることが求められている。指導要録の観点と評価方法との対応関係を示した学力評価計画をつくる必要があるといえよう（表9-3）。

〔西岡〕

表9-3　学力評価計画の一例（中学校英語科）（森，2006，p.86）

評価目標	評価方法
(1) 自分の体験したこと，感じたことについて積極的に述べようとする。「コミュニケーションへの関心・意欲・態度」	◎パフォーマンス課題「My School Tripの発表」 ・あなたはALTの先生方の前で修学旅行の思い出というテーマで発表をすることになりました。あなたならではの楽しい思い出が聞き手にうまく伝わるように工夫をして発表してみましょう。 　その時に授業で学んだ表現をできるだけ使うこと。
(2) 自分の体験したこと，感じたことについて発表できる。「表現の能力」	○「コメントカード」
(3) クラスメートの体験などを聞いて，その内容を理解する。「理解の能力」	○聞き取りテスト
(4) 現在完了形の意味と使い方を知る。「言語や文化についての知識・理解」	○ペーパーテスト

参考文献	西岡加名恵編著　2008『「逆向き設計」で確かな学力を保障する』明治図書 西岡加名恵・田中耕治編著　2009『「活用する力」を育てる授業と評価・中学校』学事出版

問題 68 パフォーマンス課題とルーブリックとは何か

「真正の評価」論 1980年代のアメリカでは学力低下が指摘されるなかで，学校へ説明責任を求める論調が強まり，標準テストに基づいて学校の教育効果を評価しようとする動きが広がった。しかし教師たちの間からは，標準テストでは学力を総合的に評価できないという批判が起こった。そのような批判を背景に登場したのが，「真正の評価」論である。「真正の評価」論とは，「大人が仕事の場や市民生活の場，個人的な生活の場で『試されている』，その文脈を模写したりシミュレーションしたりしつつ」評価を行うことを主張するものである（Wiggins, G., 1998, p.24）。

パフォーマンス課題 「真正の評価」論に基づき，完成作品や実技・実演，観察や対話などを評価するパフォーマンス評価の考え方が登場した。パフォーマンス評価のなかでも，とくに，知識・スキルを応用・総合しつつなんらかの実践を行うことを求めるような課題をパフォーマンス課題という。

真正のパフォーマンス課題を考えるには，パフォーマンスの目的，子どもが担う役割，パフォーマンスの相手，想定されている状況，求められているパフォーマンス，評価の観点を明確にすることが有意義である。

たとえば中学校の社会科であれば，「あなたは，平和を守るための調査や研究をしている政治学者です。ところが，第一次世界大戦，第二次世界大戦と規模が大きく犠牲者も多く出た戦争が二度にわたり起きたため，世界に向けて『なぜ戦争が起きるのか？　どうすれば戦争が防げるのか？』について提言するレポートを作成することになりました。模擬『国際シンポジウム』で意見交換したうえで，提言レポートをB4用紙一枚にまとめてください。レポートは，因果関係をとらえる思考力と資料活用の力という観点から評価されます」といった課題が考えられる（横浜国立大学教育人間科学部附属横浜中学校・当時　三藤あさみ教諭作成；西岡，2007参照）。

第9章　教育評価

表9-4　課題「国際シンポジウムにおける提言レポート」のルーブリック

5	情報の密度が高い。戦争が起きる原因やどうしたら平和を保てるかについて経済，民族・宗教，同盟・条約，政治など，複数の事がらを総合的に関連づけて主張をしている。この時代を表す具体的なキーワードが文章の中に用いられており，資料やデータを用いて表現している。全体的に文章や流れがわかりやすい。その上，時代をきわだたせる表現がされている。事実の解釈の仕方が完全であり，主張も強固で説得力がある。
4	情報の密度が高い。戦争が起きる原因やどうしたら平和を保てるかについて経済，民族・宗教，同盟・条約，政治など，複数の事がらを総合的に関連づけて主張をしている。この時代を表す具体的なキーワードが文章の中に用いられていて，資料やデータを用いて表現している。全体的に文章や流れがわかりやすい。
3	戦争が起きる原因やどうしたら平和を保てるかについて経済，民族・宗教，同盟・条約，政治など，いずれかについて史実にもとづきはっきりとした主張をしている。ただし，史実のおさえ方がもう一息である。具体的な資料やデータが少ないかまたは扱い方が浅い。
2	主張はあるが，根拠になる史実のおさえが弱い。または取り上げた史実の解釈に誤りがある。史実をとりあげて説明しているが，主張は感想にとどまっている。
1	事実が羅列されているだけになっていて主張がない。または著しく未完成である。

　ルーブリック　自由記述問題やパフォーマンス課題など，○か×かで採点できない評価方法に対応して用いられる採点指針をルーブリック（評価指標）という。ルーブリックとは，表9-4に示したように，パフォーマンスの成功の度合いを示す数段階程度の尺度と，それぞれの評点・評語に対応するパフォーマンスの特徴を示した記述語から構成される評価基準表である。

　ルーブリックを作成する際には，①子どもたちのパフォーマンスの事例を多数集め，②（できれば数名の評価者で）数段階程度で採点し，③同じ評点・評語が与えられた作品に共通して見られる特徴に基づいて記述語を作成する，という手順を用いることが有効である。共同でルーブリックづくりを行うことは，教師の評価力を向上させ，評価の比較可能性を高める点でも意義深いと考えられる。　　　　　　　　　　　　　　　　　　　　　　　　　　　［西岡］

参考文献	西岡加名恵編著　2008『「逆向き設計」で確かな学力を保障する』明治図書 西岡加名恵・田中耕修編著　2009『「活用する力」を育てる授業と評価・中学校』学事出版 松下佳代　2007『パフォーマンス評価』日本標準

問題 69　「指導と評価の一体化」をどう図るか

　「指導と評価の一体化」　2001年版指導要録の方針を定めた中央教育審議会答申「児童生徒の学習と教育課程の実施状況の評価の在り方について」（2000年12月）では、「指導と評価とは別物ではなく、評価の結果によって後の指導を改善し、さらに新しい指導の成果を再度評価するという、指導に生かす評価を充実させることが重要である（いわゆる指導と評価の一体化）」と述べられている。すなわち「指導と評価の一体化」とは、形成的評価を指導の改善につなげることと、指導の結果を評価することを意味している。

　構成主義的学習観　「指導と評価の一体化」を図るうえでとくに重要なのは、「構成主義的学習観」をふまえて指導と評価を組み立てることである。構成主義的学習観によると、子どもたちは教えられる前から日常経験を通じて一定の知識（素朴概念）を身につけており、自分なりの解釈や説明を行っている。したがって指導にあたっては、子どものもつ素朴概念と身につけさせるべき科学的概念とのズレに着目し、また素朴概念から科学的概念への組み替え方を含めて、目標を設定することが求められる。さらに、効果的な学習を可能にするためには、子どもの素朴概念をいったん明らかにしたうえで、子ども自身が意識的にそれを組み替えていくような授業を行う必要がある。

　「つまずき」を生かす授業　日本においては、そのように子どもたちの素朴概念を生かしながら授業を行う発想が、かねてより存在していた。いわゆる「つまずき」を生かす授業である。たとえば、斎藤喜博は、二桁のかけ算で位取りをまちがえて計算している子どもに自分の計算方法を発表させた。そのうえで、その「つまずき」を「○○ちゃん式まちがい」と名づけ、どうしてまちがっているのかを話し合わせた。この話し合いは、まちがっていた子どもの理解を改めさせただけでなく、正しい方法で計算を行っていた子どもたちの認識をもゆさぶり、確かな理解をもたらすものとなった。

検討会　近年では，検討会を行うという指導方法も注目されている。検討会とは，子どもと教師がともにそれまでの学習を振り返って到達点を確認するとともに，その後の目標を設定する場である。検討会では，具体的な学習の姿について子どもと教師が話し合い，お互いの評価のすりあわせを行う。

検討会の基本的な進め方は，次のとおりである。

① 問いかけによって，子どもの**自己評価**を引き出す。「この作品のいいところはどこかな？」「今，困っていることは何？」といった，オープンエンドの問いを投げかける。

② 子どもの言葉に耳を傾ける。このとき，教師には，「待つ」力が求められる。

③ 達成点を確認し，いいところをほめる。無自覚のうちに優れた力を発揮しているところは，しっかりほめて，強化する。

④ 具体例の比較をとおして，目標＝評価基準を直観的につかませる。乗り越えさせるべき課題については，言葉で説明するよりも，具体例で示したほうがわかりやすい。したがって，作品の批評会のかたちをとるのも有効である。

⑤ 次の目標について，合意する。具体例の比較をとおして直観的につかんだ目標＝評価基準を言語化する。また，見通しが立つ範囲の目標に絞り込んで，教師と子どもの間で「次は，ここをがんばる」という合意をする。

⑥ 検討会での話し合いをとおして確認された達成点と課題，次の目標についてメモを残す。この記録は，次の学習について教師と子どもとの間に交わされる，いわば"契約書"である。次の検討会では，この記録を見ながら，学習の進み具合を確認していくことになる。

効果的な学習を可能にするには，このような検討会をとおして子どもの自己評価力を伸ばすことが重要である。　　　　　　　　　　　　　[西岡]

| 参考文献 | 田中耕治編著　2007『よくわかる授業論』ミネルヴァ書房
西岡加名恵　2003『教科と総合に活かすポートフォリオ評価法』図書文化 |

問題 70　ポートフォリオ評価法とはどのようなものか

　ポートフォリオ評価法　ポートフォリオとは，子どもの作品，自己評価の記録，教師の指導と評価の記録などを系統的に蓄積していくものである。ポートフォリオ評価法とは，ポートフォリオづくりをとおして，子どもの学習に対する自己評価を促すとともに，教師も子どもの学習活動と自らの教育活動を評価するアプローチである。

　進め方　ポートフォリオ評価法を効果的に進めるためには，次の6つの原則を守る必要がある。

① ポートフォリオづくりを，子どもと教師の共同作業として行う。取り組みはじめる際には初めに，子どもたちにポートフォリオづくりの目的とつくり方意義を説明する。また，折にふれて蓄積した資料を学習に役立てるなど，ポートフォリオが役立つという実感がもてる機会をつくる。

② 子どもの具体的な作品を蓄積する。ここでいう作品には，いわゆる完成品だけでなく，完成品をつくる過程で生み出されるメモや下書き，活動の録画・録音，集めた資料，教師による書き取りや聴き取りも含まれる。

③ 蓄積された作品をなんらかのかたちで整理する。場合によっては，日常的に資料をためておくワーキング・ポートフォリオから，情報が集約されたパーマネント・ポートフォリオへと編集しなおす。

④ ポートフォリオを見ながら教師と子どもが対話する場として，ポートフォリオ検討会を行う。子どもの自己評価に耳を傾けるとともに教師の評価も伝えてお互いの評価基準を突き合わせ，達成点と次の課題を確認する。

⑤ ポートフォリオ検討会は，実践の過程をとおして定期的に行う。一対一で対話するかたちのほか，グループ活動の時間にローテーションを組んで指導したり，一斉指導のなかで作品の批評会をするなど，さまざまな

形態が考えられる。
⑥長期にわたって継続する。ポートフォリオは，少なくとも一つの単元をとおして用いられる。学校段階を超えて長期的に引き継がれるものもある。

所有権　ポートフォリオ評価法に取り組むにあたっては，ポートフォリオの所有権（ownership）についても考えておく必要がある。ポートフォリオの所有権とは，ポートフォリオに収める作品の決定権であり，作品を評価する基準の設定権でもある。

所有権の観点からポートフォリオは，大きく次の三つのタイプに分類できる。第1はあらかじめ決められた評価基準を教師が提示する「基準準拠型ポートフォリオ」，第2は教師と子どもが共同で評価基準を考えながらつくっていく「基準創出型ポートフォリオ」，第3は子ども自身が自分なりの評価基準を設定し自己アピールするためにつくる「最良作品集ポートフォリオ」である。

目的別の活用　「目標に準拠した評価」を効果的に行うためには，「基準準拠型ポートフォリオ」を用いることが有意義である。ポートフォリオにどのような作品を残してほしいかをあらかじめ明示しておけば，子どもたちに学力評価計画を明確に理解させることができる。また，類似のパフォーマンス課題に繰り返し取り組ませ，生み出された作品を蓄積していけば，思考力・判断力・表現力等の成長もとらえることができるだろう。「基準創出型ポートフォリオ」については，「総合的な学習の時間」での活用に適している。「総合的な学習の時間」については，探究の課題自体を子どもたちが設定できるように育てることが目的となるため，ポートフォリオを振り返りつつ，子どもと教師の間で次の目標を交渉しあうことが，指導過程で求められることになる。最後に，「最良作品集ポートフォリオ」は，子どもたちの個性を最もよく反映するため，キャリア教育などに役立つものといえよう。　　　　　　　　　　　　　[西岡]

参考文献
西岡加名恵　2003『教科と総合に活かすポートフォリオ評価法』図書文化
宮本浩子・西岡加名恵・世羅博昭　2004『総合と教科の確かな学力を育むポートフォリオ評価法・実践編』日本標準

問題 71　学力調査にはどのようなものがあるか

学力調査とは何か　学力調査とは，学校で学ぶ子どもたちの集団を対象として，その学力実態を組織的・系統的に把握し，実証的なデータを提供しようとする調査のことである。学力調査に類するものとしては，大正期にすでに個人を対象とする学力測定が行われていた。しかし子どもたちの集団を対象とする学力調査が行われるようになったのは，第二次世界大戦後のことである。現在，とくに注目されている学力調査としては，PISA調査と「全国学力・学習状況調査」がある。

PISA調査　PISA調査とは，経済協力開発機構（OECD）が，多くの国で義務教育修了段階にあたる15歳児を対象として，「読解力」「数学的リテラシー」「科学的リテラシー」について国際的に調査しているものである。日本の子どもたちについては，国際学力調査において長らく学力水準が世界一という結果を誇ってきた。しかし，PISA2003年調査において日本の子どもたちの「読解力」がOECD平均と同程度（14位）というショッキングな結果が出たことにより，「ゆとり教育」から「確かな学力」の向上をめざす政策への転換が加速された。

全国学力・学習状況調査　学力低下の懸念が広がるなかで，文部科学省は2006年度に，小学校第6学年，中学校第3学年の全児童生徒を対象として，国語と算数・数学に関する調査と，生活習慣や学習環境等に関する質問紙調査を行う「全国学力・学習状況調査」を導入した。この調査は，知識の習得だけでなく，活用する力をも評価しようとしているという特徴がある。また，その目的は，教育施策や指導の改善につなげるための調査であり，序列化や過度の競争をあおるものではないとされている。

しかしながら，1960年代に文部省が悉皆の全国学力調査を行った際には，教育内容に対する国家の統制が強化されることが批判され，教育委員会や学校

の間の競争が激化させたことに伴う弊害が指摘されたという例もあった。「全国学力・学習状況調査」についても，その結果を市町村別・学校別に公表すべきかどうかが論争となった。2010年度からは，抽出調査に変更されることとなった。

学力調査の意義　学力調査は，学力実態を明らかにし，教育的環境（教育課程など）の改善に役立てる方向で活用される可能性がある点で意義深いものである。また学力調査は，社会的環境（家庭や地域の経済的・文化的諸条件）からの子どもの学力への影響を吟味することを目的に行われる場合もある。学力調査の結果を，厳しい環境にある学校へ支援を強化する方向で用いることが重要である。

妥当性の問題　一方で，学力調査の精度と有効性が，調査項目や問題構成，実施時期や調査対象などによって左右されることを忘れてはならない。どのような内容を「学力」として定義するかは論争的であり，学力調査の内容の妥当性そのものを検討する視点が重要である。とくに，学力調査において多く用いられる標準テストで測られる学力には偏りがある点に注意が必要である。

分析の視点　また，学力調査の結果については，多角的に分析することが求められている。当該集団の平均値を算出してとらえる**学力水準**だけでなく，当該集団に属する子どもたちの間に存在する点数のばらつき（**学力格差**）や，学力の質（**学力構造**），さらには学習の意義や生活とのつながりを子どもたちがどう意識しているのか（**学習意欲**）にも注目することが重要である。

結果的妥当性　さらに，学力調査がハイ・ステイクスな評価（関係者の利害に大きくかかわる評価）となることにより，結果的妥当性が損なわれる危険性にも留意が必要である。たとえば，学力調査と学校選択が同時期に導入されたイギリスでは，成績上位校に教育熱心な保護者の子どもが集中することにより学校間格差が広がったという実態もある。学力調査により，教育が阻害されるようなことがないようにしなくてはならない。　　　　　　　　　　　　　　［西岡］

参考文献	OECD　国立教育政策研究所監訳　2007『PISA2006年調査　評価の枠組み』ぎょうせい 田中耕治編著　2008『新しい学力テストを読み解く』日本標準

引用文献

蘭千壽 1980「学級集団の社会心理学—Jigsaw 学習法を中心として」『九州大学教育学部紀要（教育心理学部門）』**25**, 25-33.
蘭千壽・古城和敬 1996『対人行動学研究シリーズ2　教師と教育集団の心理』誠信書房
Bandura, A. 1971 *Social learning theory*. New York: General Learning Press.
ブルーム, B. S.・ヘスティングス, J. T.・マドゥス, G. F.　梶田叡一・渋谷憲一・藤田恵璽訳 1973『教育評価法ハンドブック』第一法規
Brophy, J. E., & Good, T. L. 1974 *Teacher-student relationships: Causes and consequence*. New York: Holt, Rinehart and Winston.
Carey, S. 1997 Do constraints on word meanings reflect prelinguistic cognitive architecture? 『認知科学』**4**, 35-58.
Carroll, J. 1963 A model of School learning. *Teacher College Record*, **64**, 723-733.
Chen, Z. 2002 Analogical problem solving: A hierchical analysis of procedural similarity. Journal of Experimental Psychology, *Learning, Memory and Cognition*, **28**, 81-98.
金敬愛・仲真紀子 2002「中国人親子による出来事の対話：母親と父親は幼児の出来事の語りをどのように引き出すか」『発達心理学研究』**13**, 274-283.
Collins, A. M., & Loftus, E. F. 1975 A spreading activation theory of semantic processing. *Psychological Review*, **82**, 407-428.
クレイン, W. C.　小林芳郎・中島実訳 1984『発達の理論』田研出版
Cronbach, L. J. 1957 The two disciplines of scientific psychology. *American Psychologist*, **12**, 671-684.
D'Angelo, E. 1971 *The teaching of critical thinking*. Amsterdam: B. T. Gruner.
Dewey, J. 1933 *How we think*. New York: Heath and Company.
Duncker, K. 1945 On problem solving. *Psychological Monographs*, **58**: 5, Whole No. 270.
遠藤利彦 2002「問いを発することと確かめること—心理学の方法論をめぐる一試論・私論」下山晴彦・子安増生編『心理学の新しいかたち—方法への意識—』誠信書房, Pp. 38-72.
Fivush, R., & Fromhoff, F. A. 1988 Style and structure in mother^child conversations about the past. *Discourse Processes*, **11**, 337-355.
藤崎春代 1995「幼児は園生活をどのように理解しているのか：一般的出来事表象の形成と発達的変化」『発展心理学研究』**6**, 99-111.
藤崎春代 1998「幼児は園生活の多様性をどのようにとらえているか：一般的出来事表象の形成と出来事の多様性」『発達心理学研究』**9**, 221-231.
藤田哲也編著 2007『絶対役立つ教育心理学　実践の理論，理論を実践』ミネルヴァ書房
伏見陽児・麻柄啓一 1992『授業づくりの心理学』国土社

Gage, N. L., & Berliner, D. C. 1988 *Educational Psychology* (4th ed.) Houghon Mifflin Company

Gardner, H. 1993 *Multiple Intelligences: The theory in practice.* New York: Basic Books. (黒上晴夫監訳 2003 『多元的知能の世界：MI 理論の活用と可能性』日本文教出版)

Gardner, H. 1999 *Intelligence Reframed: Multiple Intelligence for the 21st Century.* New York: Simon & Schuster. (松村暢隆訳 2001 『MI：個性を生かす多重知能の理論』新曜社)

ゲゼル, A. 依田新・岡宏子訳 1954 『乳幼児と現代の文化―その発達と指導―』新教育協会

Gick, M. L., & Holyoak, K. J. 1980. Analogical problem soving. *Cognitive Psychology*, 12, 306-355.

Glaser, E. M. 1985 Critical thinking: Education for responsible citizenship in a democracy. *National Forum*, 65, 24-27.

Guilford, J. P. 1967 *The nature of human intelligence.* New York: McGraw-Hill.

Harris, M., Barrett, M., Jones, D., & Brookes, S. 1988 Linguistic input and early word meaning. *Journal of Child Language*, 15, 77-94.

ヘッブ, D. O. 白井常訳 1975 『行動学入門』紀伊國屋書店

平井洋子 2006 「測定の妥当性からみた尺度構成―得点の解釈を保証できますか―」吉田寿夫編 『心理学研究法の新しいかたち』誠信書房，Pp. 21-49.

Hurlock, E. B. 1925 An evaluation of certain incentives used in school work. *Journal of Educational Psychology*, 16, 145-159.

伊藤亜矢子 2002 「つながりをつくる学級という場を支援する」森敏昭編著 『認知心理学者新しい学びを語る』北大路書房，Pp. 172-183.

伊藤亜矢子・松井仁 2001 「学級風土質問紙の作成」『教育心理学研究』49, 449-457.

Jensen, A. R. 1969. How much can we boost IQ and scholastic achievement? Harvard *Educational Review*, 39, 1-123.

河村茂雄 2000 『Q-U 学級満足度尺度による学級経営コンサルテーション・ガイド』図書文化

近藤邦夫 1995 『子どもと教師のもつれ』岩波書店

レイヴ, J.・ウェンガー, E. 佐伯胖訳 1993 『状況に埋め込まれた学習：正統的周辺参加』産業図書

Luchins, A. S. 1942 Mechanization in problem solving. *Psychological Monographs*, 54: 6, Whole No. 248.

Mayer, J. D., Caruso, D. R., & Salovey, P. 1999 Emotional intelligence meets traditional standards for an intelligence. *Intelligence*, 27, 267-298.

McTighe, J., & Wiggins, G. 2004 *Understanding by Design: Professional Development Workbook*, ASCD

道田泰司 2003 「批判的思考概念の多様性と根底イメージ」『心理学評論』46, 617-639.

美馬のゆり 2000 状況的学習・日本教育工学会編 『教育工学事典』実教出版，Pp. 300-302.

Mistry, J. 1997 The development of remembering in cultural context. In Cowan, N. (Eds.), *The development of memory in childhood.* Psychology Press: A member of the Taylor & Francis group. Pp. 343-368

文部省 1975『カリキュラム開発の課題―カリキュラム開発に関する国際セミナー報告書』大蔵省印刷所

森千映子 2006「自分の体験を通して表現力を伸ばす」北原琢也編著『「特色ある学校づくり」とカリキュラム・マネジメント』三学出版

村上隆 2003「測定の妥当性」日本教育心理学会編『教育心理学ハンドブック』有斐閣, Pp. 159-169.

無藤隆 2004「研究における質 対 量」無藤隆・やまだようこ・南博文・麻生武・サトウタツヤ編『質的心理学―創造的に活用するコツ―』新曜社, Pp. 2-7.

Naito, M. 2003 The relationship between theory of mind and episodic memory: Evidence for the development of autonoetic consciousness. *Journal of Experimental Child Psychology*, 85, 312-336.

仲真紀子 1999「対話における助数詞の獲得：語彙獲得における認知的要因と言語的環境要因」桐谷滋編『ことばの獲得』ミネルヴァ書房, Pp. 117-142.

Needham, D. R., & Begg, I. M. 1991 Problem-oriented training promotes spontaneous analogical transfer: memory-oriented training promotes memory for training. *Memory & cognition*, 19, 543-557.

日本教育心理学会編 2003『教育心理学ハンドブック』有斐閣

西岡加名恵 2007「『逆向き設定』論にもとづくカリキュラム編成―中学校社会科における開発事例―」『教育目標・評価学会紀要』17, 17-24

能智正博 2004「理論的なサンプリング」無藤隆・やまだようこ・南博文・麻生武・サトウタツヤ編『質的心理学―創造的に活用するコツ―』新曜社, Pp. 78-83.

O'Donnell, A. M., Reeve, J., & Smith, J. K. 2007 *Educational Psychology.* John Wiley & Sons

太田信夫編 2009『教育心理学概論』放送大学教育振興会

奥山和夫・新井邦二郎 1991「外発的動機づけからみた教師の語りかけに関する調査研究」『共栄学園短期大学研究紀要』7, 45-53.

苧阪満里子 2002『脳のメモ帳 ワーキングメモリ』新曜社

Pea, R. D. 1993 Practices of distributed intelligence and designs for education. In Salomon, G. (Ed.), *Distributed Cognitions: Psychological and Educational Considerations.* Cambridge University Press, Pp. 47-87.

Pea, R., Edelson, D., & Gomez, L. 1994 The CoVis Collaboratory: High school science learning supported by a broadband educational network with scientific visualization, videoconferencing, and collaborative computing. Presented in the Symposium "Issues in Computer Networking in K-12 Classrooms: A Progress Report of Four NSF Testbeds," at the Annual Meeting of the American Educational Research Association, New Orleans,

LA.

Peterson, C., & McCabe, A. 1996 Parental scaffolding of context in children's narratives. In Johnson, Carolyn E., & Gilbert, John H. V. (Ed). *Children's language, Vol. 9*. Hillsdale, NJ, England: Lawrence Erlbaum Associates, Inc., Pp. 183-196.

Povinelli, D. J., Landau, K. R., & Perilloux, H. K. 1996 Self-recognition in young children using delayed versus live feedback: Evidence of a developmental asyhchrony. *Child Dvelopment*, 67, 1540-1554.

Rappaport, M. M., & Rappaport, H. 1975 The other half of the expectancy equation: Pygmalion. *Journal of Educational Psychology*, 67, 531-536.

Rosenthal, R., & Jacobson, L. 1968 *Pygmalion in the classroom: Teacher expectation and pupils intellectual Development*. Holt, Rinehart & Winston.

Ruffman, T., Perner, J., & Parkin, L. 1999 How parenting style affects false belief understanding. *Social Development*, 8, 395-411.

Salomon, G. 1972 Heuristic models for the generation of aptitude-treatment interaction hypotheses. *Review of Educational Research*, 42, 427-343.

三宮真智子 2006「分散化された学習環境」森敏昭・秋田喜代美編『教育心理学キーワード』有斐閣, Pp. 220-221.

関田一彦・安永悟 2005「協同学習の定義と関連用語の整理」日本協同教育学会『協同と教育』1

Spelke, E. 1995 Initial knowledge: Six suggestions. In Mehler, J., & Franck, S. (Eds.), *Cognition on cognition*. Cambridge: MIT Press, Pp. 433-447

Squire, L. R. 1987 *Memory & Brain*. New York: Oxford University Press. (Squire, L. R. 河内十郎訳 1989『記憶と脳：心理学と神経科学の統合』医学書院)

Sternberg, R. J. 1986. *Intelligence Applied: Understanding and increasing your intellectual skills*. San Diego: Harcourt Brace Jovanovich.

多鹿秀継・鈴木眞雄編著 1992『発達と学習の基礎』福村出版

高田利武 2001「自己認識手段と文化的自己観：横断的資料による発達的検討」『心理學研究』72, 378-386.

竹内史宗 1995「子どもは「叱り」をどのように感じているか」『教育心理学年報』34, 143-149.

Thompson, G. G., & Hunnicutt, C. W. 1944 The effect of repeated praise or blame on the work achievement of 'introverts' and 'extroverts.' *Journal of Educational Psychology*, 35 (5), 257-266.

Wallas, G. 1926 The Art of Thought. Harcourt Brace Jovanovich.

Watson, J. B. 1924 *Behaviorism*. New York: Norton. (クレイン, 1984による)

Wiggins, G., & McTighe, J. 2005 *Understanding by Design*. (2nd Ed.), ASCD.

Wiggins, G. 1998 *Educative Assessment: Designing Assessment to Inform and Improve Student*

Performance. Jossey-Bass Publishers

Williams, W., Blythe, T., White, N., Li, J., Sternberg, R. J., & Gardner, H. 1996. *Practical intelligence for school*. New York: Harper Collins.

やまだようこ 2004「質的研究の核心とは」無藤隆・やまだようこ・南博文・麻生武・サトウタツヤ編『質的心理学―創造的に活用するコツ―』新曜社, Pp. 8-13.

山内光哉・春木豊 2001『グラフィック学習心理学　行動と認知』サイエンス社

吉田寿夫 2002「研究法に関する基本姿勢を問う―本来の姿ないし基本に戻ろう―」下山晴彦・子安増生編『心理学の新しいかたち―方法への意識―』誠信書房, Pp. 73-131.

吉田寿夫 2005「児童・生徒を対象とした「心のしくみについての教育」」『心理学評論』**47**, 362-382.

Zechmeister, E. B., & Johnson, J. E. 1992 Critical Thinking: A Functional Approach. Wadsworth.（宮元博章・道田泰司・谷口髙士・菊池聡訳 1996『クリティカルシンキング〈入門篇〉』北大路書房）

Zimmerman, B. J. 1994 Dimensions of academic self-regulation: A conceptual framework for education. In Schunk, D. H., & Zimmerman, B. J. (Eds.), *Self-regulation of learning and performance: Issues and educational applications*. Hillsdale, NJ: Lawrence Erlbaum Associates, Pp. 3-21.

索　引

あ

RCRT　82
IQ　50
ICT　90
ITS　90
アカウンタビリティ　135
アセスメント　109
アニミズム　16
アニミズム　8
アロンソン，E.　77
いじめ　82
一次の誤信念課題　13
一斉学習　76
い一般化可能性　121，130
遺伝と環境　6
意味記憶　23，32
　—ネットワーク　24
意味を読み取る　105
イメージ化　28
意欲　66，72
インクルージョン　69
インターネット　92
インフォームド・コンセント　107
ヴィゴツキー，L.S.　14
ウエンガー，E.　14
ATI　69
ADHD　108
エピソード記憶　23，32
得られた知の確実性・根拠（データと理論）の強さ　116
得られた知の社会にとっての有用性　117
得られた知の新奇性・脱常識性　116
得られた知の普遍性　117
エリクソン，E.H.　10
エリクソンの理論　10
LD　108
演繹　41
オペラント条件づけ　34
オペレータ　38
親からの自立　102
音楽的知能　52

か

ガードナー，H　52
外的妥当性　130
概念形成　40
概念理解　80
外発的動機づけ　72
会話　20
科学的帰納法　41
拡散的思考　44
学習　22，34
　—意欲　75，149
　—環境　84
　—観　31
　—技能　75
　—コミュニティ　86
　—習慣　82
　—スタイル　75
　—性無力感　63
　—の転移　47
　—方略　74
確証バイアス　41
学力　50，134
学力調査　148
　—の意義　149
　—の結果的妥当性　149
　—の妥当性の問題　149
　—の分析の視点　149
学力格差　149
学力構造　149
学力水準　149
学力の要素　140
学力評価計画　141
学力偏差値　50
仮説　40
　—形成　40
　—評価　41
可塑性　70
学級集団　76
学級風土　86
学級崩壊　82
学校恐怖症　106
学校知　99
学校に必要な実践的知能　53

155

活性化拡散理論　24
葛藤　9
ガニエ，R. M.　89
カルテ　139
観察学習　36
鑑識眼　138
感情と動機づけ　58
感情の動き　58
感情の知能　51
完全習得学習　77
記憶　22
　　―方略　29，30
聴くこと　100
期待　62
機能的固着　39
帰納　40
キャロル，G.　77
教育相談機能　114
教育的鑑識眼　138
教育的働きかけの効果　124
教育評価　134
　　―の機能　134
　　―の主体　135
　　―の対象　134
　　―を評価する視点　135
教育目標のタキソノミー　89
強化　34
　　―子　34
教師期待　71
　　―効果　70
教師支援　110
教室風土　86
教師の役割　70
教授方法　32
教授方略　74
興味　58
協力して学ぶ学習の展開　81
空間的知能　52
クラス集団　76
　　―指導　76
ケアリー，S.　16
形成的評価　77，134
結果的妥当性　135
原因帰属　64
　　―の影響プロセス　64
原因分類の三次元　64
研究法以外の心理学的研究の知見　133

言語化　104
言語的知能　52
研修・講演会　111
検討会　145
公開と承認の原則　135
高機能自閉症　108
講義法　76
高次のスキル　80
恒常的個人差　68
構成概念　126
構成主義的学習観　144
公正性　135
構成的グループエンカウンター　83
構造的な類似性　46
行動化　104
コーディネーター　109，114
ゴール・フリー評価　138
誤概念　75
心の居場所　112
心の理論　12
　　―課題　12
　　―の発達　13
個人間差異　68
個人差　68
個人指導　76
個人内差異　68
個人内知能　52
個人内評価　136
誤信念課題　12
個性化　68
ことばかけ　71
個に応じた指導　68
個別化　68
個別指導　68，76
コミュニケーションの発達　20
コンサルテーション　110
コンピテンス　56

さ

再帰的な推論　12
最近接領域　21
サイコエデュケーション　83
坂元昂　89
サクセスフル知能理論　51，52
座席表　139
作動記憶　22，24，75
さなぎ　106

索引

サリー，アン課題　12
CAI　90
シェマ　9
ジェンセン，A. R.　7
叱る（罰）　72
ジグソー学習法　77，81
資源　69
自己意識　18，102
自己同一性　11
　―の混乱　11
自己期待　71
自己決定理論　57
自己嫌悪　102
自己効力　49
　―感　18，19
自己中心性　8，16
自己調整学習　48
自己認識　18
自己評価　145
思春期　102
自傷行為　105
自信　62
自尊感情　18，19
実験的研究　120
実行可能性　135
実践的知能　52
質的研究　118
指導と評価の一体化　144
指導要録　136
思考の誤りの典型　42
自分さがし　101
社会構成主義　15
社会的凝集性　80
社会的構成主義　86
社会的スキル　82
社会的動機　80
ジャスパープロジェクト　96
写像　46
収束的思考　44
集団面接　110
授業設計　88
授業内容や教材の開発　74
馴化―脱馴化　16
状況的学習論　94
状況に埋め込まれた学習　94
状況論　15
　―的アプローチ　98

小集団指導　76
情報セキュリティ　93
情報モラル　93
初期状態　38
初期知識　17
処理水準効果　29
事例研究会　111
「真正の評価」論　142
真正の文化　95
心身症　105
心身のケア　114
身体・運動的知能　52
身体化　105
診断的評価　134
信頼性　135
心理学的研究のための方法　132
心理的欲求　66
数／量の保存　16
スキーマ　74
スキナー，B. F.　90
スキャフォルディング　21
スクールカウンセラー　110，112
スタンバーグ，R. J.　52
スタンフォード・ビネー知能検査　50
スマーティ課題　12
生活発表　21
成功・失敗　64
成熟　6
生成効果　29
生態学的妥当性　121，131
精緻化　20，28
正統的周辺参加　14，94
正の強化子　34
説明責任　80，135
セルフ・エフィカシー　62
宣言記憶　23，32
先行オーガナイザー　27
全国学力・学習状況調査　148
専門機関　107
　―との連携　111
総括的評価　134
相関的研究　120
相互依存性　80
総合的な学習の時間　79
創造的思考　44
　―と批判的思考の関係　45
創造的知能　52

157

相対評価　136
相談室　114
　—開放性　115
　—の場所　114
　—閉鎖性　115
ソーシャルスキルトレーニング　83
測定の信頼性　126
測定の妥当性　126
　—の検証　128
素朴概念　75，144

た

TERGET構造　67
ターゲット領域　46
大集団指導　76
対人的知能　52
第二次性徴　102
高田利武　19
他者意識　102
多重知能理論　51，52
達成関連感情　58
妥当性　135
　—が高いことを主張するための必要条件　126
多様化・複合化　106
短期記憶　22，24，74
短絡的な原因推理　43
チーム支援　107
知能　50
　—偏差値　50
長期記憶　22，32，74
調節　9
つまずき　144
　—を生かす授業　144
ティームティーチング（TT/T.T）　78
出来事の報告　20
適性処遇交互作用　69
手続記憶　23，33
手続き的な類似性　46
転移　46
問いを立てるプロセス　133
同化　9
動機づけ　54，72
　—の3水準　55
　—の4要因　54
討議法　76
道具的条件づけ　34
統計的検定　122

　—の意義　122
　—の基本的ロジック　123
統合教育　69
登校拒否　82
陶冶　70
特別支援教育　108
特別な援助ニーズ　69
徒弟制度　14

な

仲間とともに学ぶこと　80
斜めの関係　102
二次の誤信念課題　13
2種類の期待　62
認定評価（戦前の絶対評価）　136
ネットワーク　24
ノンバーバル　101

は

罰　35，36
発達課題　10
発達障害　106，108
発達障害者支援法　69
発達の最近接領域　14
パフォーマンス課題　141，142
半恒常的個人差　68
ピアサポート　83
ピアジェ，J　8，16
　—の発達理論　8
PIFS　53
　—プロジェクト　53
比較可能性　135
ピグマリオン効果　70
PISA　51
　—調査　148
批判的思考　44，80
批評　138
ヒューリスティックス　41
評価フリー　112
評価方法　141
評定　134
平等性　135
表面的な類似性　46
不活性な知能　52
不十分な情報からの判断　42
不適応行動　100
不登校　106

負の強化子　34
フラストレーション　82
ブルーム，B. S.　77
ブルーム，B. S.　89
フレーミング　92
フロイト，S　10
フロー　59
プログラム学習　90
分散化された学習状況　98
分析的知能　52
文脈　28
ベース領域　46
ヘップ，D. O.　7
ボヴィネリ，D. J.　18
報酬　34，37
ポートフォリオ　146
　　—の所有権　147
　　—の目的別の活用　147
　　—評価法　146
保健室　112
　　—登校　113
保護者支援（保護者への支援）　109，110
ポジティビティ　19
ほめる（賞）　72
Why　132

ま
待つこと　101
マルチメディア　91
ミラーテスト 18
明確に定義された問題 38
明確に定義されていない問題 38
メタ認知 47，48
　　—的活動　48
　　—的知識　48
目標志向性　60
目標内容　60
目標に準じた評価　137

目標の階層性　60
目標プロセス　60
目標分析　89
目標理論　60
モラトリアム　11
問題解決　38
　　—の過程　38

や
8つの発達段階　10
よい関係　82
養護教諭　112
欲求　56
　　—階層説　56
　　—不満　82
寄り添うこと 101

ら
リーディングスパンテスト　23
理解すること　100
リソース　69
リハーサル　22
　　—方略　30
領域一般性　16
領域固有性　16
量的研究　118
理論的サンプリング　119
臨界期　7
類推　46
　　—による問題解決 46
ルーブリック　143
ルールづくり　115
レイブ，J.　14
論理・数学的知能　52

わ
ワトソン，J.B.　6

監 修

無藤　隆　白梅学園大学
森　敏昭　広島大学

編著者

三宮真智子（さんのみや　まちこ）
　　大阪大学人間科学研究科教授
　　大阪府出身
　〈主著書〉
　　『メタ認知：学習力を高める高次認知機能』北大路書房
　　『考える心のしくみ：カナリア学園の物語』北大路書房
　　『認知心理学4　思考』東京大学出版会
　　『おもしろ思考のラボラトリー』北大路書房

［心理学のポイント・シリーズ］
教育心理学

2010年4月20日　第1版第1刷発行　　監　修　無藤　隆
　　　　　　　　　　　　　　　　　　　　　　森　敏昭

　　　　　　　　　　　　　　　　　編著者　三宮真智子

発行者　田中　千津子　　〒153-0064　東京都目黒区下目黒3-6-1
　　　　　　　　　　　　電話　03（3715）1501（代）
発行所　株式会社 学文社　FAX　03（3715）2012
　　　　　　　　　　　　http://www.gakubunsha.com

© SANNOMIYA MACHIKO 2010　　　　印刷　㈱シナノ
乱丁・落丁の場合は本社でお取り替えします。
定価は売上カード，カバーに表示。

ISBN978-4-7620-1886-2